O MAL EM MACHADO DE ASSIS

O MAL EM MACHADO DE ASSIS

VIVIANE CRISTINA CÂNDIDO

CRISTIANISMO VERSUS CONDIÇÃO HUMANA
As *Memórias póstumas de Brás Cubas* na
perspectiva da Filosofia da Religião e da Educação

BIBLIOTECA AULA | Educação e Religião
Série 1: Religião e Literatura | Volume 1: Machado de Assis

Conselho Editorial

Viviane Cristina Cândido, *diretora*
(Universidade Federal da Paraíba, Educação e Ciências das Religiões),

Eunice Simões Lins Gomes
(Universidade Federal da Paraíba, Ciências das Religiões)

Fabrício Possebon
(Universidade Federal da Paraíba, Ciências das Religiões)

João Manuel Duque
(Universidade Católica Portuguesa, Ciências da Religião)

Leandro Gaffo
(PUC-SP, Ciências da Religião)

Luiz Felipe Pondé
(PUC-SP, Ciências da Religião)

Marcos Ferreira Santos
(USP, Faculdade de Educação)

Neide Miele
(Universidade Federal da Paraíba, Faculdade de Educação)

Rogério de Almeida
(USP, Faculdade de Educação)

CAPA E PROJETO GRÁFICO   Raquel Matsushita
DIAGRAMAÇÃO   Camila Araújo | ENTRELINHA DESIGN
REVISÃO   Edgar Costa Silva

Todos os direitos reservados. Impresso no Brasil, 1ª edição, 2011.
Livro impresso de acordo com o Novo Acordo Ortográfico da Língua Portuguesa.

MUSA EDITORA
Rua Bartira 62 cj. 21 São Paulo SP 05009.000
Tel/fax (5511) 3862.6435 | 3862.2586
musaeditora@uol.com.br
www.musaambulante.com.br
www.musaeditora.com.br

SUMÁRIO

Prefácio	**6**
Introdução	**11**
Para além de uma introdução	**21**
Educar na tensão	**31**
Condição humana	**41**
A morte	**53**
O mal	**71**
Para que se esconder? Ela te encontrará...	**87**
Voltemos ao amor... ou sobre a legitimidade do amor!	**99**
Considerações finais	**111**
Referências bibliográficas	**121**

PREFÁCIO

Como não explicitar aqui a alegria de compartilhar e de ser cúmplice dessa obra? *O mal em Machado de Assis* continua a vívida tarefa da pesquisadora e professora, Viviane Cristina Cândido, que nos presenteia com a bússola da literatura no campo de batalhas entre educação e religião.

Companheira dessas lidas, Viviane Cristina Cândido se insere neste campo tensional entre duas áreas, aparentemente irreconciliáveis no mundo ocidental e, em especial, na faceta escolar da educação sob domínio do Estado como ensino público laico (nem sempre para todos, nem sempre democrático e, salvo honrosas exceções, de qualidade duvidosa).

Refletir sobre este campo tensional, já é, em si, tarefa hercúlea tendo em vista as três últimas décadas de discussões, planos, progressos e retrocessos no ensino religioso escolar. Viviane não apenas testemunha essas décadas, mas foi – e continua sendo – pessoa engajada, não apenas a contribuir com suas reflexões e sistematizações alentadas e sustentadas por uma filosofia da religião que lhe dá suporte na busca de uma epistemologia consequente em Educação e Religião; mas militante serena e irredutível nos princípios que a norteiam, contribui também com a problematização, com a formação de professores, em assessoria de instituições e sistemas; jamais se furtando à vívida tarefa em que, de maneira lapidar, transmuta o campo tensional do tradicional "ensino religioso" para "Educação e Religião".

Assim, é a primeira pesquisadora a contornar a inevitável confusão no campo propriamente católico entre ensino religioso e catequese ou pastoral. Aqui, evidencia a independência dos polos e amplia o diálogo possível sempre utilizando sua principal ferramenta epistemológica que é a utilização da *controvérsia*, aprendida com Franz Rosenzweig (1886-1929). Ao evitar a *"fusão"* equivocada de *"sínteses"* disfarçadas de *"dialéticas"*, mantém o conflito como algo necessário e imprescindível para a construção do conhecimento. Seus contornos éticos são, por sua vez, inequívocos. A diferença não é algo a ser evitado, a contradição não é um *"pecado"*, mas a alteridade se faz jogo consubstancial da busca das experiências com a verdade.

Assim, é que, nesta obra, Viviane nos oferece, como um delicioso prato preparado com toda dedicação ao forno da intelecção, devidamente temperado com a fruição estética, sensível e compreensiva – e servido sobre a mesa da amizade para a partilha com os mais caros e atentos –, uma incursão sobre a obra de Machado de Assis, sob o prisma caleidoscópico da Educação e da Religião.

Ao concentrar-se em *Memórias Póstumas de Brás Cubas*, Viviane nos mostra o insuspeito sacristão em nosso auxílio numa filosofia profunda que renega sistematizações para ser fiel ao próprio pensamento. E ela constrói seu olhar sobre a questão do Mal nesta obra machadiana fundamental.

Se a autora nos mostra que as grandes e históricas ideias filosóficas de *Deus, Mundo, Homem* são repensadas com maestria e colocadas em questão na obra machadiana, quantas e quantas perspectivas, possibilidades e transformações não podem suscitar no diálogo entre Educação e Religião? A própria Viviane nos remete, em seu próprio exercício de maestria, que, recolocando as reflexões no plano encarnado da experiência concreta da vida (como faz Machado de Assis com ironia e sarcasmo) sob a capa de Deus, vislumbramos tão somente o divino; sob a capa do Mundo, apenas o mundano; e sob a capa de Homem, unicamente, o humano.

Esta nova tríade: o divino, o mundano e o humano, por sua vez, nos remetem àquela outra brilhante reflexão sobre o mal na magistral aula de Paul Ricoeur na Universidade de Lausanne em 1985, em que nos lembrando que o mal é sempre a imposição ou vivência de um sofrimento (seja de uma pessoa a outra ou da natureza sobre nós); o mal se inscreve, de maneira trágica, nos domínios da liberdade. Neste sentido, para transmutar o lamento ou a queixa, nos sugere aquilo que será base de sua futura "pequena ética": pensar, agir e sentir. Profundizar o pensamento ao aceitar o desafio de pensar o mal; mudar a ação no combate ao mal no sentido de uma ainda crença de que a ação ética ou política pode diminuir a violência de um sobre o outro; e a mudança do sentimento ao elaborar a lamentação ou queixa (ainda reféns de uma postura de retribuição – à culpa ou ao pecado – numa economia simbólica perversa) por meio da sabedoria que reintegra o luto e a melancolia na gestação de tempos outros possíveis. Diz ainda o hermeneuta Ricoeur que este ponto de transmutação aproximaria o Ocidente judaico-cristão das experiências do Extremo Oriente, em especial, zen-budistas. Então, desvencilhados da violência nos depararíamos com o irredutível sofrimento. Aporia enigmática do velho mestre das interpretações que não nos deixa chave alguma senão a própria experiência pessoal e coletiva.

Não estaríamos aqui frente ao trágico, ao sacristão a demolir a moral a marteladas cotidianas, Machado de Assis? Este caráter trágico na obra de Machado de Assis, que vem sendo estudado também por outro grande amigo e colega de USP, Rogério de Almeida, nos permitiria compreender um pouco mais a carne das reflexões no cotidiano e, curiosamente, inscrito no sagrado dos dias que correm aos braços da morte, prepararia o leito das nossas próprias memórias póstumas.

MARCOS FERREIRA-SANTOS

Livre-docente da Faculdade de Educação da USP

Professor de mitologia comparada

INTRODUÇÃO

Uma das grandes questões impostas pela modernidade diz respeito ao lugar da religião na formação de crianças, adolescentes e jovens. Sobram argumentos contrários – e muitos deles com razão – que vão desde a perspectiva do fundamentalismo religioso e as questões relativas à laicidade do Estado até àqueles que dizem respeito a uma compreensão mais racional da vida e do Universo, capaz de avançar em relação à perspectiva criacionista – que "limita" o homem – para uma perspectiva que contemple a evolução "constatável" do homem.

Se por um lado fundamentalismos religiosos são um risco, por outro, identificamos fundamentalismos na ciência, na filosofia, até mesmo na vida pessoal, quando podemos chamar de fundamentalista aquele que não abre mão de suas concepções e de seu jeito de entender a vida e as pessoas.

Se por um lado a ideia de laicidade do Estado, na escola, pode defender crianças, adolescentes e jovens de serem persuadidos a uma opção e adesão religiosas para além do seu desejo e de sua maturidade, por outro, sabemos que essas mesmas crianças, adolescentes e jovens vêm para a escola marcados pelas opções de suas famílias, pela influência do lugar onde vivem. Enfim, queiramos ou não, estão diante da religião, negando ou aceitando, para o bem ou para o mal. Há de se considerar, ainda, que não cremos apenas na religião, cremos na ciência, cremos na história, no comércio, no dinheiro, em tantas e diferentes coisas, em maior ou menor grau.

Em nossa tese de doutorado (CÂNDIDO, 2008), buscando fundamentar o ER – Ensino Religioso como disciplina, lugar do conhecimento religioso, retirado, assim, do campo movediço da confissão religiosa, partimos do pressuposto de que esse componente curricular é a prática e a evidência das Ciências da Religião. Contudo, no decorrer de nossa pesquisa, chegamos ao fato de que também estas carecem de um estatuto epistemológico e, além disso, internamente, de uma disciplina que lhes seja norteadora, por se tratarem de disciplinas com diferentes aproximações do objeto religião e análises decorrentes, resultando numa multiplicidade de abordagens do fato religioso.

Entendemos esse lugar como sendo da Filosofia da Religião, área que, ao tratar a religião como parte da vida da razão, pode contribuir, no campo específico do ER, com a afirmação de sua identidade e, no campo das Ciências da Religião em geral, para um trabalho multidisciplinar consistente.

Nessa perspectiva, numa vertente, questões sobre verdade, sobre as ciências, sobre a multidisciplinaridade são iluminadas, abrindo espaço para situar as Ciências da Religião, em geral, e a Filosofia da Religião, em particular, como depositárias de um constituinte epistemológico para o ER; noutra, questões como fenômeno religioso, sagrado, ética e moral ganham novas abordagens que consideram, prioritária e integralmente, a experiência e a diferença apontando para uma epistemologia não normativa.

Estamos, pois, no campo dos fundamentos da Educação e da Religião e diante da constatação de que a realidade é que a escola se configura como um espaço/tempo de relações, no qual as realidades de vida de crianças, adolescentes, jovens e adultos se encontram; experiências significativas são confrontadas, geram conflitos; diferenças são destacadas, podendo, se bem trabalhadas, constituírem-se em lugar de cognição, desde que sejam consideradas as tensões. Nesse lugar e nesse tempo da escola se encontram, entrelaçam, aproximam e distanciam os campos da religião e da educação.

Se de um lado a vida nos faz perceber que podemos, sim, recusar a proposição religiosa de matriz judaico-cristã de que seremos pó, de outro, não podemos discutir com a Biologia e as Ciências Naturais acerca de nosso fim, pois nos faltarão argumentos para negar que nossos corpos serão consumidos pelos vermes, num processo natural e para o qual caminhamos inexoravelmente.

Junte-se a essa presença inexorável da morte na vida que se vive junto na escola o fato de que, em poucos lugares, onde vivemos em grupo, podemos ver tão claramente os dramas da vida humana como são vistos e visíveis ali. Tudo leva a crer que a educação do século XXI necessita superar antigas visões e abrir-se a compreensões mais amplas, capazes de dar conta dos educandos reais e em relação, presentes no contexto de nossas escolas e suas salas de aula. Para tanto, necessita buscar um olhar filosófico – de quem se interroga acerca das coisas preestabelecidas, que resulte na constituição de seus fundamentos e, em consequência, em um novo agir.

Tendo em vista que essa busca por seus fundamentos pretende dar conta da realidade da escola, expressa na relação de educandos reais, em seu sendo – no sentido de um acontecendo, será necessário considerar que educandos e educadores alternam entre a posição de criaturas e de criadores[1] – fato que coloca para além do universo religioso a questão da criação – e de crentes e descrentes[2] – fato que coloca para além do universo religioso a possibilidade da crença e abre a pergunta acerca do que significa ter fé.

Essa pergunta é respondida por Franz Rosenzweig (1886-1929), em *El libro del sentido común sano y enfermo*. Na metáfora, a segunda semana de cura do filósofo que paralisou insistindo na pergunta sobre o que as coisas e os seres são, diz respeito ao Homem. Se a vida pressupõe um eu abstrato e que quer entender a vida, Rosenzweig propõe a vivência que compreende um eu real e o viver como acontecimento. O Homem vivente ou duvida ou crê, e crer aqui significa privar-se, "privar o seu eu de ser Deus".[3] (2001, p. 62)

Para refletir sobre a morte; a condição humana; a educação; a religião; o cristianismo, tão presente em nossa cultura ocidental como parte da vida

---

1 Para uma reflexão sobre a necessidade humana de ser criador e sua exacerbação, sugerimos as obras de Barshevis Sing (1982); June Goodfield (1994) e Vega Rodríguez (2002).

2 Acerca de uma compreensão mais ampla do conceito crença, sugerimos as obras de Barbara Smith (2002); Daniel Dennett (2006), mais precisamente o capítulo Crença na crença, e Hubert Hannoun (1998).

3 A tradução das citações diretas e indiretas dos textos em espanhol são de responsabilidade da autora.

das pessoas e constituinte de um jeito de ser e de pensar; bem como sobre o mal, temas estes decorrentes da empiria, uma vez que olhamos para os seres reais, escolhemos a leitura de Machado de Assis, precisamente a obra Memórias póstumas de Brás Cubas, analisada na perspectiva da Filosofia da Religião – aqui compreendida como a ciência da religião que pretende fornecer elementos que possibilitem o diálogo entre a razão, como a compreendemos atualmente, pelo viés da ciência ou da filosofia, com a razão religiosa, ou seja, a compreensão racional advinda de conceitos originários da religião – e da Filosofia da Educação.

John Gledson (2007), introduzindo a obra em que reúne 50 contos de Machado de Assis, assim comenta: "Os romances bem-educados dos anos 1870 deram lugar à sátira selvagem de Memórias póstumas de Brás Cubas, que mostrava realidades – adultério, prostituição, escravatura, o tratamento dado aos dependentes – com uma nitidez e uma cólera inteiramente impossíveis alguns anos antes". E acrescenta: "cada palavra do romance está 'entre aspas', escrita não por Machado de Assis, mas por um membro típico da alta classe brasileira da primeira metade do século XIX, que é seu pior inimigo, expondo seus próprios defeitos ao público". (pp. 12-13)

De nossa parte, do lugar da Filosofia da Religião, pretendemos capturar nesta obra o sacristão, e talvez cristão, Machado de Assis, já conhecido de Alfredo Pujol, também integrante da Academia Brasileira de Letras, considerado um dos primeiros estudiosos da vida e da obra machadianas, que escreve: "Os primeiros ensaios literários do sacristão da Lampadosa revelam claramente aquela tendência para o trato das coisas divinas". (2007, p.4)

Para cumprir essa proposta, teremos como pano de fundo a tensão Modernidade e Tradição, e a analisaremos mediante a consideração da relação entre cristianismo e condição humana, por meio de dois temas concretos e empíricos – o mal e a morte – e, a partir disso, evidenciaremos nossa tese de que a tensão entre instituição e experiência religiosas precisa ser considerada, no campo do conhecimento, a fim de possibilitar o diálogo entre educação e religião.

Com isso, esperamos ajudar você, leitor, a livrar-se das ideias fixas, como aquela que matou Brás Cubas – a de um emplasto: "A minha ideia, depois de tantas cabriolas, constituíra-se ideia fixa. Deus te livre, leitor, de uma ideia fixa; antes um argueiro, antes uma trave no olho". (p. 20)[4]

---

4 Uma vez que o objetivo deste trabalho é tratar, mais especificamente, a obra Memórias póstumas de Brás Cubas, todas as suas citações terão indicadas apenas as páginas.

PARA ALÉM DE UMA INTRODUÇÃO

A nós, para fazer ciência e ensinar é preciso que se trave um sério exercício que permita nossa aproximação da realidade e nos dê elementos para sua análise sem que, com isso, percamos sua beleza, sua originalidade, presentes em seu próprio movimento e daquele que busca conhecer. Aquele que conhece, por sua vez, interage com o objeto, do que decorre que se um rio nunca será o mesmo, também aquele que nele mergulha não sairá da mesma maneira que entrou.

Do que dissemos decorre que o pretendido nas Ciências da Religião e no ER, ou mais propriamente no estudo da religião na escola, é a busca de uma epistemologia que nos permita essa aproximação da realidade e sua análise, mediante a utilização de categorias ou para além delas, de modo que se possa reconhecer a mobilidade daquilo que se conhece e daquele que conhece. Nesse exercício é que colocamo-nos para além de uma epistemologia normativa que, considerada a metáfora, retira a beleza do voo.

Todavia, importa destacar a necessidade de superação do simples encantamento com o voo, que incidiria em simples opinião e não poderia constituir-se ciência. Por isso são necessárias as ferramentas, as categorias de análise que, em última instância, se flexíveis e declaradas, nos permitirão a aproximação da realidade e sua análise sem que se perca a sua beleza.

Do ponto de vista da ciência em geral, inclusive aquelas que tratam da educação e da religião, a redução como método é importante para a realização da pesquisa, haja vista a impossibilidade de abarcar o todo, contudo, como princípio, o reduzido não pode constituir-se no real. De outro lado, a verdade transita entre o dogmatismo e o ceticismo e, nem por isso, devemos desistir dela que, por sinal, sempre foi, é e será aquilo que move o conhecimento e, consequentemente, a ciência, o ensinar e todas as formas de crer. Assim, a grande questão que se coloca é: como podemos estudar religião na escola, uma vez considerado o fato de que ela está, inevitavelmente, presente na vida das pessoas?

Trataremos, pois, da relação entre cristianismo e condição humana (se é que se pode dizer relação, visto que a condição humana está posta, não é uma opção), levando em conta prioritariamente a realidade que se vive na escola. Consideraremos basicamente a diferença e entenderemos a inerência das controvérsias, nas relações e no conhecimento, que dizem respeito, por exemplo, à necessidade de ser religioso para ser ético ou moral ou, dito de outro modo, controvérsias acerca de uma relação direta entre essas dimensões da vida humana, conforme demonstramos quando estudamos as fontes do ensino religioso, evidenciando o Grupo do Não, ou seja, aquele contrário à implantação desta disciplina, por entender que não é preciso ser religioso para ser ético e moral. (Cf. CÂNDIDO, 2004, pp. 51-66 e 2005, pp. 185-208). Concordamos.

Mas, vejamos, inegavelmente a ética faz parte da vida da escola, seja como conteúdo da filosofia ou mesmo do ER, seja como tema transversal previsto pela LDBEN (1996). Também o estudo da moral é conteúdo destas disciplinas, ainda que, muitas vezes, seja entendido como um assunto da religião. Entretanto, esses campos não são assim tão facilmente delimitados quando falamos de seres humanos reais, o problema da moral, por exemplo, se coloca assim que consideramos a questão da liberdade e nos perguntamos sobre o certo e o errado nas relações.

Podemos citar, como exemplo de controvérsia, nos campos da ética e da moral, a culpa. Compreendida do ponto de vista religioso, como objeto de análise psicológica, pode ser considerada necessariamente negativa, freio imposto pela religião à liberdade humana. De outro lado, há os que a entendam como elemento fundante da possibilidade de colocar-se no lugar do outro,[1] enfim, ao menos por ora, esqueçamos a culpa e consideremos que "estamos para além das discussões marcadas sobre ética e moral conquanto essas fiquem no plano abstrato e não considerem as experiências nas quais é possível ser ético ou ser moral. (CÂNDIDO, 2008, p. 390)

Nossa ênfase é, e não poderia deixar de ser, em seres humanos reais e na vida real. Franz Rosenzweig, no 'Novo Pensamento' – El Nuevo Pensamiento, afirma que o ponto culminante do 1º Volume da 'Estrela' – La Estrella de la Redención, sua obra principal, é mostrar que nenhum dos três

---

1 Aqui fazemos referência aos campos da psicologia, de maneira mais geral, e da filosofia da religião, trazendo autores como Martin Buber e Emmanuel Lévinas, os quais, na esteira do pensamento de Franz Rosenzweig, tratam a questão da alteridade numa perspectiva que, condizente com o pensamento de raiz judaica, leva em conta a diferença entre as pessoas que, por si só, as levaria a se separarem; contudo, para esses autores, o reconhecimento de nossa insuficiência (racional, ontológica e relacional) é o que pode nos mover ao encontro do outro, o que, por sua vez, conduz a uma responsabilidade para com ele.

grandes conceitos fundamentais do pensamento filosófico – Deus, Mundo e Homem, pode ser reduzido ao outro. O que deles sabemos de modo mais exato, tomados por si mesmos, o sabemos com o saber intuitivo da experiência, e o que deles podemos conhecer é sua realidade efetiva: "A experiência, por profunda e penetrante que seja, uma e outra vez descobre no homem somente o humano, no mundo somente o mundano, em Deus somente o divino. E somente em Deus pode encontrar-se o divino, somente no mundo o mundano e somente no homem o humano". (2005, pp. 21-22)

O que temos é o que chama de realidade efetiva experimentada, da qual tratará especificamente no segundo volume da 'Estrela': "A experiência, portanto, não experimenta coisas, as quais por certo se tornam visíveis como facticidades últimas, mais além da experiência por obra do pensamento; mas o que ela experimenta, experimenta nestas facticidades". (2005, p. 27)

Ao propor uma filosofia experimentada, evidencia como a filosofia, em sua história, retira o Homem, o Mundo e Deus de sua contingência, de seu sendo no mundo – lugar da experiência, onde se dão as relações entre esses conceitos lançando-os ou para a supervalorização de suas individualidades, ao isolá-los ou para a abstração, a que está fadado todo aquele que é retirado da contingência, assim, Homem, Mundo e Deus dão lugar ao metaético, metalógico e metafísico. Mas, para esse autor, essas três potências só podem ser conhecidas em suas realidades efetivas: "Se, por exemplo, o antigo [pensamento] se propunha a questão se Deus é transcendente ou imanente, o novo procura dizer como e quando Deus passa de estar longe para estar próximo e de estar próximo a estar longe de novo. Ou se a antiga filosofia propõe a alternativa determinismo-indeterminismo, a nova segue o caminho da ação." (2005, p. 29)

Desta forma, Rosenzweig afirma a importância da relação que é condição para o conhecimento do Homem, do Mundo e de Deus, não havendo como conhecê-los em si e, sim, nas relações que estabelecem entre si. Esse Novo Pensamento impõe a necessidade do outro, pensamos e falamos para alguém que, por sua vez, também pensa e fala. (2005, pp. 34-35). Considera o tempo, visto que é nele que ocorre a relação.

Considerando o tempo, aponta o caráter responsivo da religião, que não existe como si mesma. As experiências religiosas dos indivíduos, e destes nas instituições religiosas, é que se constituem como respostas do Homem – em sua relação com o Mundo – de sua relação com Deus, respostas essas que se dão na vida e é em sua concretude que podem ser analisadas.

Assim, para falar de Educação e Religião, não poderíamos contar com ninguém menos do que Machado de Assis, que, como afirma Alfredo Pujol, "sentiu todas as imagens da vida e da natureza, surpreendendo o homem nos mais profundos mistérios da sua existência moral" (p. 188). Deixamo-nos levar pelo seu estilo humorado e irônico – a ironia e o riso são mais amigos do tempo, ambos facilitam a compreensão, pela raiva ou pela alegria – com o qual nos deleitamos e pelo qual entendemos, mais facilmente, coisas que nos seriam tão difíceis ditas de outro modo, o que, aliás, põe adiante a literatura em relação aos compêndios filosóficos.

A propósito, compartilhamos essa opinião com João Cezar de Castro Rocha (2008), que, ao introduzir os contos de Machado de Assis, por ele relacionados com a filosofia, deixa claro que não há a pretensão de considerar Machado de Assis um filósofo, uma vez que, ao menos como entendemos a filosofia até aqui, a esse último, interessam sistemas de pensamento, bem como a busca pela verdade – por dizer o que ela é, enquanto para o primeiro interessa pensar a vida sem a pretensão da verdade e sem a imposição de sistemas que a tornariam impensável. A esse respeito, deixemos que fale o próprio Brás Cubas:

[...] Todavia, importa dizer que este livro é escrito com pachorra, com a pachorra de um homem já desafrontado da brevidade do século, obra supinamente filosófica, de uma filosofia desigual, agora austera, logo brincalhona, coisa que não edifica nem destrói, não inflama nem regela, e é todavia mais do que passatempo e menos do que apostolado. (p. 21)[2]

---

2 No conto O espelho, descreverá a roça onde há "Galos e galinhas tão somente, um par de mulas, que filosofavam a vida, sacudindo as moscas, e três bois". Para Gledson (2007), neste trecho, Machado utiliza de ironia para apontar que "Toda pergunta pode ser feita em qualquer contexto, nem que seja por "um par de mulas". As respostas é que são mais difíceis de encontrar".

EDUCAR NA TENSÃO

*Mas certamente – e di-lo-ei, embora não seja modesto
da minha parte e seja contra a minha índole – di-lo-ei,
contudo, porque a isso me obrigam os invejosos e me forçam
os detractores: quis nesta assembleia mostrar não tanto que
sei muitas coisas, mas que sei coisas que os outros ignoram.
E para que isto agora, ó Venerandos Padres, seja manifesto
a partir da realidade dos factos, para que o meu discurso
não empate mais o vosso desejo, excelentíssimos doutores
que vejo, prontos e preparados, esperando a contenda, e não
sem grande prazer, com um bom augúrio, como ao som da
trompa de guerra, venhamos agora à batalha.*

Giovanni Pico Della Mirandola
– Discurso sobre a dignidade do homem, p. 117

Ao tratar, em nossa tese de doutorado (2008), do estudo da religião no ambiente da educação formal – a escola –, marcadamente na disciplina ensino religioso, propusemos, como base de reflexão e estruturação dos seus conteúdos a tensão instituição e experiência religiosas.

Partimos do pressuposto de que, nas escolas públicas e nas confessionais, a comunidade educativa, em seus estudos, em suas atividades e na vida que se vive junto necessita considerar as concepções, tão importantes nas atividades humanas, em especial, na educação, atividade humana por excelência, nas quais o modus operandi religioso tem seu lugar como um modo de viver o dia a dia e não, pelo menos necessariamente, para dizer o que as coisas são, ou seja, para além da pretensa "essência" religiosa.

Tratamos da religião compreendida como resposta-ação: "A religião não existe como si mesma, nessa perspectiva estão a consideração das experiências dos indivíduos e destes nas instituições, constituindo-se ambas em respostas do Homem – em sua relação com o Mundo – de sua relação com Deus". E mais, "respostas que se dão na vida e podem ser analisadas em sua concretude". (Cf. 2008, p. 222)

Desse ponto de vista, damos ênfase à ação, contudo, importa lembrar que toda ação advém de uma concepção de mundo, da compreensão ou não compreensão de si mesmo – não como essência e, sim, sobretudo, como quem age – e das relações que este si mesmo desencadeia com o que e os que o cercam.

Disso é que Machado de Assis nos dá conta ao ocupar-se, em suas narrativas, menos com o que acontece e mais com a análise das personagens, ocupando-se com reflexões sobre as profundezas da alma e do coração humanos. O que, aliás, confirma nossa tese de que é necessário avançar em relação às instituições, visto que estas são expressões do coletivo e, a bem da verdade, o que acontece ao homem, acontece só a ele, tornando a experiência, seja individual ou coletiva, inigualavelmente, única.[1]

Para Rosenzweig, a palavra da vida não é o propriamente, e, sim, o realmente. O real é o que verdadeiramente acontece ao homem e só a ele. Esse acontecer está no campo da ação. Diante da incerteza de metas e caminhos, quando novamente há a tendência a paralisar, nosso autor aconselha a ação, não há nem meta nem caminho, apenas o fazer. Não se deve andar com cuidado, mas simplesmente agir.

Assim, entendemos que, na medida em que superamos a compreensão meramente institucional da religião, podemos perscrutar o que acontece ao homem em relação com a religião, como ele dá respostas ao que se lhe acontece e, ao mesmo tempo, considerando que essa resposta se dá no mundo, extrair da mais acurada compreensão da instituição e da experiência religiosas – ou, ainda, educacionais ou sociais –, por assim dizer, os elementos que possam não apenas nos colocar em diálogo,

---

[1] É importante ressaltar a perspectiva apontada por Rosenzweig para esta questão. Para ele, não é o mais importante, e provavelmente seja impossível, falar em judaísmo e cristianismo em geral. A consideração dos seres como reais – e não ideais –, ou seja, tendo como ponto de partida a contingência e a concretude da experiência, torna possível apenas que nos reportemos ao judeu e ao cristão, e mais, apenas àquele que está a nossa frente, de quem podemos ver o rosto.

como também, por sua vez, nos voltar criticamente para as demais instituições, entre elas o Estado e a sociedade moderna e questionar, via categorias e conceitos religiosos, suas proposições universalizantes e que, ou retiram o homem do seu lugar na corrente da vida, ou o colocam demasiado no centro, sendo que é preciso circularidade para haver relação e diálogo – experiência significativa. (Cf. CÂNDIDO, 2008, p. 393).

Ademais, importa considerar as críticas à religião feitas pelos ateus, por exemplo: "Toda religião é otimista. Coisa que diz muito sobre uma religião. [...] Deus é demasiadamente incompreensível, do ponto de vista metafísico, para não duvidar dele [...]; a religião é demasiadamente compreensível, do ponto de vista antropológico, para não suspeitar dela. (COMTE-SPONVILLE, 2006, pp. 137-138)

Neste trabalho, pretendemos, ainda, ler Machado de Assis no que concerne a três instituições de nossa tradição: a Igreja, a Educação e o Casamento, tentando demonstrar, inclusive relacionando a vida e a obra do autor, sua consideração pela tradição, flagrante da consideração pela instituição, contanto que esta seja capaz de conter dentro de si aquilo que vai na alma e no coração humanos.

Dito de outro modo, sendo o homem imperscrutável a si mesmo – e que dirá aos outros! – tais instituições – escolares, religiosas, científicas, acadêmicas – são sempre questionáveis e passíveis de mudanças, tendo como desafio o tempo no qual perdurarão ou se extinguirão na medida em que consigam ser responsivas, por sua vez, aos anseios do homem no mundo.

Podemos constatar tais considerações no discurso de Machado de Assis, em 20 de julho de 1897, ao assumir a presidência da Academia Brasileira de Letras: "a Academia nasce com a alma nova, naturalmente ambiciosa. O vosso desejo é conservar, no meio da federação política, a unidade literária. Tal obra exige, não só a compreensão pública, mas ainda e principalmente a vossa constância".

No que concerne ao nosso objetivo, sublinhamos que, entre seus comentadores, as aproximações com o cristianismo e a educação são mais raras – e aqui queremos contribuir com o nosso olhar que parte do lugar da Filosofia da Religião e da Educação para evidenciar a leitura, a crítica e a vivência do cristianismo, tão presentes na obra de Machado de Assis. Na Igreja do Diabo e nas Memórias póstumas..., Machado de Assis aponta o tempo todo a contradição entre um cristianismo para fora, de aparência, e para dentro, de vivência.

A nosso ver, em Machado de Assis, viver o cristianismo está menos para rituais e compreensões morais racionalizadas e mais para um olhar corajoso para dentro de nós mesmos, de nossa condição de pecadores – aliás, conforme expressa em Dom Casmurro, para Machado de Assis nos unimos quando nos reconhecemos igualmente pecadores: "Há nessa cumplicidade um gosto particular; o pecado em comum iguala por instantes a condição das pessoas". (2008, p. 126)

No conto Na arca – três capítulos inéditos do Gênesis, segundo Gledson (2007), há "uma espécie de parábola em estilo bíblico, cuja mensagem não é exatamente moral". Para esse autor, "Esse conto divertido tem uma moral bem antibíblica – os homens são incorrigivelmente competitivos, agressivos e, pior ainda, empregarão as desculpas mais triviais para dar vazão à sua agressividade: com o mundo todo para repartir, brigam pela propriedade do rio que há de dividir suas terras". (p. 11). Seria mesmo antibíblica essa compreensão?

Os contos e romances de Machado de Assis ainda, para nossa alegria e um pouco de esperança, são lidos na escola, em diferentes faixas etárias, do que decorre a possibilidade de consolidarmos a literatura como um lugar privilegiado para pensar o homem em todas as suas expressões, entre elas, a religiosa. Esse é o lugar da relação entre literatura e religião. Com isso, esperamos ser fiéis à sua busca constante de apresentar a real condição humana, os mistérios da vida e os segredos do coração.

Entretanto, sendo, também nós, vítimas e algozes das apropriações indevidas da racionalidade pretensiosa, confessamos, hábito cristão, que de certa forma tememos que, ao lermos Machado de Assis desse nosso lugar, tenhamos nós caído na tentação, em que caímos todos nós – os Modernos, com M maiúsculo, de nos supor, parafraseando Hubert Hannoun, filósofo da educação, Criadora de homens, com as cores da nossa teologia. (1998, p. 9)[2]

Todavia nos perguntamos, quem de nós não dirá que vez ou outra, se não almeja esse papel – o de criador, de algum modo não o exerça! Aliás, acerca da própria obra de Machado de Assis, no livro Machado de Assis – Personagens e Destinos, em que trata de como o perfil das personagens machadianas interferiu em seus destinos, o psicanalista Antenor Salzer Rodrigues faz referência a essa questão ao tratar dos narradores em Memórias póstumas... e Quincas Borba, por exemplo, e

---

2 Fazemos aqui referência ao fato de sermos, de uma ou outra forma, crentes. Cremos na ciência, cremos nas leis, cremos na biologia, cremos na razão! Verdades e teologias são erigidas nesses e em outros campos! Hubert Hannoun, Daniel Dennett, Barbara Smith, nas obras citadas como bibliografia deste trabalho, apontam para esse fato. Na ficção, entre tantas obras literárias, as histórias de Frankenstein e do Golem dão notícias desse homem que quer ser Deus. Vale citar, ainda, a obra, no campo da biociência, cujo sugestivo título é Brincando de Deus.

evidenciar a relação entre as obras – criaturas – e o seu criador – Machado de Assis. (Cf. 2008)

Ademais, propomo-nos a tratar diretamente a obra – a exemplo do que pretendemos em educação, ao estudar os clássicos –; apontando poucos comentários que lhe são externos e evitando movimentos classificatórios que apontariam para o romantismo, o realismo e o pessimismo em sua obra, tanto porque assim, a nosso ver, a reduziríamos, quanto porque, desse ponto de vista, sua obra já é largamente tratada.

Prosseguimos, lembrando o que diz o próprio Brás Cubas ao leitor: "o primeiro remédio é fugir a um prólogo explícito e longo. O melhor prólogo é o que contém menos coisas, ou o que as diz de um jeito obscuro e truncado". (p. 16)

CONDIÇÃO HUMANA

"Tinha saúde e robustez. Suponha-se que, em vez de estar lançando os alicerces de uma invenção farmacêutica, tratava-se de coligir os elementos de uma instituição política, ou de uma reforma religiosa. Vinha a correnteza de ar que vence em eficácia o cálculo humano, e lá se ia tudo. Assim corre a sorte dos homens". (p.22)

Falar em condição humana implica, necessariamente, queiramos ou não, admitir que tratamos de algo que está posto, não cabendo escolha diante de múltiplas ou algumas opções, ou seja, condição sugere algo que nos é inerente, impossível de ser recusado, uma vez parte constitutiva de nosso ser.

Consciente disso, Brás Cubas inicia suas memórias dirigindo-se diretamente ao leitor, e aqui podemos antepor o que consideramos serem os pilares de uma reflexão sobre a condição humana: o primeiro constituído pela realidade da morte: "Obra de finado. Escrevi-a com a pena da galhofa e a tinta da melancolia, e não é difícil antever o que poderá sair desse conflito". (p. 16).

O segundo pela relação com o outro, tradução da necessidade humana de agradar e de se sentir aceito, resultando na submissão ou no enfrentamento ao outro, tal necessidade se desdobra na opinião, como nos aponta o autor: "Acresce que a gente grave achará no livro umas aparências de puro romance, ao passo que a gente frívola não achará nele o seu romance usual; ei-lo aí fica privado da estima dos graves e do amor dos frívolos, que são as duas colunas máximas da opinião". (p. 16).

A fim de explicitarmos em que consiste essa condição humana, façamos aqui uma narração livre do conto A Igreja do Diabo, publicado no volume de contos Histórias sem data e, originalmente, na Gazeta de Notícias, entre os anos de 1883 a 1884.

Cansado de ver tantas pessoas boas fazendo o mal às escondidas e absolutamente interessado em fazer concorrência ao poder de Deus, o Diabo procura o Senhor e aponta que os homens estão fazendo o mal, se fingem de bonzinhos, mas se entregam aos prazeres mundanos, legislam em causa própria, não estão nem aí para o outro. Diante disso, propõe que o Senhor lhe autorize a edificar a sua Igreja. Nela toda maldade será bem-vinda, todos terão direito à obtenção de seus prazeres, frutos de seus desejos, enfim, será a realização da humanidade que não terá mais que fazer o mal às escondidas.[1]

Deus, diante da argumentação do Diabo, permite que ele abra sua Igreja. O Diabo, todo feliz, dá início imediatamente aos seus trabalhos e, em pouco tempo, lá está sua Igreja e todos os seus fiéis realizados porque agora são o que são. Um belo dia, o Diabo se dá conta de que algumas pessoas estão fazendo o bem às escondidas. Indignado, vai ter com Deus, imaginando sua interferência, apesar disso não estar em contrato, para que os homens voltem para a sua Igreja. Com uma raiva dos diabos, o Diabo narra a Deus o que está acontecendo e, de antemão, o informa que não está gostando nada dessa concorrência desleal. Deus tranquilamente responde ao Diabo que nada fez, e que o que ele está vendo é simplesmente fruto da própria condi-

---

1 O que em tese, e se pensarmos bem, poderia ser o bem. Ironicamente queremos assinalar a necessidade do reconhecimento de quão tênues são as fronteiras que, teoricamente, definem o bem e o mal; a precariedade de tal definição no limite da noção de cultura; bem como o fato de que ambos se definem em relação a alguém, ou, ainda, na relação de um alguém com outro alguém, o que, em última instância, significa que o bem de um pode vir a ser o mal de outro. Aliás, esse último aspecto impõe necessárias reflexões à filosofia da religião ao olhar para o rosto do homem tocado, de um lado, pela modernidade e, de outro, pelas religiões; sofrendo as influências de ambas e, quase sempre, incapaz de suportar suas consequências.

CONDIÇÃO HUMANA

ção humana.[2] Machado de Assis nos insere, assim, na compreensão de que bem e mal fazem parte da condição humana, dando-nos elementos para a compreensão do que ela seja.

Ainda que haja controvérsias acerca da influência de Dostoiévski (1821-1881) na obra de Machado de Assis (1839-1908), não resta dúvida acerca das diferentes perspectivas de aproximação entre

---

2 Nessa perspectiva lembramos, no âmbito da tradição judaico-cristã, os livros bíblicos de Éster e Rute como novelas que trabalham com a condição humana e deixam, por assim dizer, que Deus cuide de si mesmo. Tanto o judaísmo quanto o cristianismo colocam em suas agendas questões primordiais para a humanidade, contudo, também é possível constatar o distanciamento, imposto muitas vezes por questões institucionais e, em muitas outras, pelas próprias limitações advindas da condição do homem no mundo, a que chegam ambas as confissões daquilo que seja autenticamente humano. Franz Rosenzweig, em sua obra A Estrela da Redenção, trata dessa questão apontando para uma retomada dessas tradições, a partir da busca de suas origens, estabelecidas nas relações entre o Homem, o Mundo e Deus. Na obra O Novo Pensamento, com a qual responde aos questionamentos apresentados à Estrela, fala, inclusive, da necessidade de resgatar o paganismo no pensar religioso, no sentido de melhor compreender as relações entre essas três potências. Especificamente no cristianismo, dois teólogos defendem a necessidade de uma volta às origens: Carlos Palácio e Juan Antonio Estrada. Importa mencionar, a título de exemplo do que até aqui temos exposto, que o cristianismo em suas raízes, em seus primórdios, era marcado por uma escatologia terrena, voltada para a realidade. Do que podemos inferir que a proposição de um cristianismo que dialogue com a modernidade e suas questões não é mesmo nenhuma novidade, mas, sim, à volta ao que tem de original. Estabelecer os fundamentos para esse diálogo entre modernidade e religião é o desafio imposto à Filosofia da Religião.

os dois autores. De nossa parte, os aproximamos pela religião.

O filósofo Luiz Felipe Pondé, em seu Crítica e Profecia, dedica-se ao estudo e à análise do autor de obras como Crime e Castigo, O idiota, Os demônios, e Os irmãos Karamazov, entre outras. No capítulo Dostoiévski: um pensador religioso, explicita, do ponto de vista da filosofia da religião, a compreensão de que uma das formas pelas quais a experiência religiosa se manifesta é na tentativa de fazer uma reflexão racional, e evidencia como Dostoiévski é envolvido por uma mística ortodoxa que prepara a visão do grande literato russo. (Cf. 2003, pp. 44-48).[3]

Também Machado de Assis não é apenas influenciado pelo cristianismo tão presente no ocidente, como vivencia esse cristianismo, tendo sido sacristão em sua adolescência e, mais tarde, um leitor da Bíblia e um homem cujo viver se enraíza num compromisso não com o cristianismo institucionalizado, por assim dizer, e que ele questiona o tempo todo, mas com a vivência de um cristianismo mais ligado às origens, comprometido com a vida.

---

3 E aqui consideramos não apenas seu livro Crítica e Profecia: a filosofia da religião em Dostoiévski, como também sua compreensão do homem em relação com Deus e o Mundo, em seus estudos acerca da antropologia e da epistemologia pascalianas, respectivamente nos livros O homem insuficiente e Conhecimento na desgraça.

Considerando o fato de que uma religião não é e não pode ser compreendida apenas em seu aspecto institucionalizado, sendo, antes de tudo, vivência, teólogos cristãos como Juan Antonio Estrada e Carlos Palácio defendem que o cristianismo necessita voltar às suas origens, a fim de buscar os elementos capazes de proporcionar, para além de um melhor diálogo com a modernidade, condições para que a vivência cristã tenha significado na vida das pessoas, propiciando-lhes uma visão mais ampla do mundo e, principalmente, de si mesmas, de modo a recuperar a originalidade da mensagem cristã, que é, antes de tudo, prática.[4]

Esse diálogo, por sua vez, exige uma maior compreensão do que seja o humano, sua condição e autenticidade. Nesse sentido, Dostoiévski e Machado de Assis compartilham na literatura internacional e nacional, o lugar de pensadores que antecipam, por assim dizer, a compreensão da modernidade. Ambos conseguem antever no seu tempo para onde vai a humanidade, considerando suas teorias e suas ações. Por essa razão, suas ideias são tão importantes na leitura e no diálogo com a contemporaneidade.

Especificamente em Machado de Assis, há de se destacar a sensibilidade, a sutileza com que consi-

---

4 Referindo-nos, respectivamente, às obras El cristianismo en una sociedad laica e O cristianismo na América Latina.

dera e descreve suas personagens, preservando sua individualidade – um jeito único e singular de ser e estar no mundo –, peculiar a cada uma delas, ainda que sob as mesmas condições.[5] Tal sutileza é descrita por Alfredo Pujol, em sua terceira conferência, de 1917, intitulada Machado de Assis, sua nova estética: Memórias póstumas de Brás Cubas, ao tratar da influência do naturalismo, comenta:

> [...] Machado de Assis aceitava em termos o processo do naturalismo; o que detestava era a excessiva grosseria da escola: "O sr. Eça de Queirós não quer

---

5 Aqui se insere outra questão, presente no pensamento de Machado e expressa em suas obras, relativa à sociedade ou ao que poderíamos chamar de uma abordagem sociológica da realidade. Estudiosos de sua biografia apontam que, por ocasião da abolição da escravatura, nosso autor, sendo negro, ria-se da bondade dos brancos. Foge aos limites desse nosso artigo uma análise dessa questão; todavia, é possível salientar, desculpando-se pela repetição, que Machado olha para o ser humano real, contingente e, graças a isso, distancia-se das pretensões universalizantes que acabam por transformar o homem numa abstração, o que o aproxima da compreensão de Franz Rosenzweig, especificamente na Estrela da Redenção. No que concerne à educação, isso abre a possibilidade para considerarmos a propósito de "Obamas" – encarnações do bem e salvadores internacionais –, e políticas educacionais que pretendem contemplar a chamada diversidade, por exemplo, negros, índios, homossexuais e comunidades ciganas, sem considerar a diferença. Alfredo Pujol, a quem nos referimos na sequência desse texto, destaca o relato de Brás Cubas da cena em que Prudêncio, menino escravo da casa de Cubas em sua infância, agora adulto e livre, bate num escravo seu, repetindo o modelo de castigos a que fora submetido pelo próprio Brás Cubas.

ser realista mitigado, mas intenso e completo; e daí vem que o tom carregado das tintas, que nos assusta, para ele é simplesmente o tom próprio. Dado, porém, que a doutrina do sr. Eça de Queirós fosse verdadeira, ainda assim cumpria não acumular tanto as cores, nem acentuar tanto as linhas; e quem o diz é o próprio chefe da escola, de quem li, há pouco, e não sem pasmo, que o perigo do movimento realista é haver quem suponha que o traço grosso é o traço exato." [...]. (2007, p. 92).

Essa citação marca toda a originalidade da percepção machadiana da realidade, no viés da condição humana, ou seja, a exata percepção de que não se trata de algo a que se possa definir, estabelecer fronteiras, determinar com exatidão. Diante do homem real, o homem ideal – nossa necessária abstração – fica sempre pequeno demais. O homem é o que é diante de fatos reais e em tempo real, é nesse momento que precisa ser flagrado, e cada homem num tempo e espaço específicos. De modo que pouco se pode dizer sobre o homem em geral e, sim, sobre O homem específico, situado e datado.

Voltando às Memórias..., no capítulo XII, não por acaso intitulado O menino é pai do homem, após mostrar como a Razão põe para fora o que entende por sandice e de fazer referência aos problemas da educação, Brás Cubas define o homem que pretende ser medida para todas as coisas e atesta:

> Figurei nesses dias com um espadim novo, que meu padrinho me dera no dia de Santo Antônio; e, francamente, interessava-me mais o espadim do que a queda de Bonaparte. Nunca me esqueceu esse fenômeno. Nunca mais deixei de pensar comigo que o nosso espadim é sempre maior do que a espada de Napoleão. E notem que eu ouvi muito discurso, quando era vivo, li muita página rumorosa de grandes ideias e maiores palavras, mas não sei por que, no fundo dos aplausos que me arrancavam da boca, lá ecoava alguma vez este conceito de experimentado: – Vai-te embora, tu só cuidas do espadim." (p. 35).

Cubas revela, assim, que a ideia do homem como medida de todas as coisas resvala num homem ensimesmado que, precisamente por ser si mesmo, volta sua atenção para seus desejos e suas necessidades, submetendo a esses todas as suas ações e, até mesmo, aqueles de suas relações.

Disso podemos inferir que a modernidade acerta ao entender o homem como centro de todas as coisas, simplesmente pelo fato de que é para isso que ele tende, trata-se de um instinto de sobrevivência; de outro lado, as religiões, e certas concepções de educação, erram quando apostam tudo numa alteridade impossível, a saber, num homem capaz de vencer impunemente suas inclinações e voltar-se para o outro.

Gledson (2007), ao comentar os contos machadianos no período de 1878 a 1888, período esse em que se insere Memórias póstumas... (1880), analisa "Machado caminhava no fio da navalha, o quer lhe deve ter dado, e a seus leitores, uma espécie de excitação, algo que, por incrível que pareça, podemos sentir num mundo bem diverso, o nosso". E mais adiante: "Junto com sua percepção social desenvolve-se uma visão inteiramente desiludida da moralidade humana – o egoísmo e a vaidade dominam – e até uma consciência (oculta pela ironia por razões óbvias) da importância e do poder do sexo". (p. 13).

Haverá, então, alguma saída para o homem ou será ele completamente vitimado por si mesmo? Quem ou o que poderá salvar esse homem de si mesmo? Nos diz Brás Cubas: "Cada estação da vida é uma edição, que corrige a anterior, e que será corrigida também, até a edição definitiva, que o editor dá de graça aos vermes". (p. 60).

A MORTE

"Ao verme que primeiro roeu as frias carnes do meu cadáver dedico como saudosa lembrança estas memórias póstumas"

omo vimos, podemos encontrar nas Memórias elementos para a compreensão do tema da condição humana, vislumbrado no conto A Igreja do Diabo. Todavia, torna-se absolutamente necessário destacar que Machado de Assis não entrega essa questão a si mesma, ao contrário, aponta para uma questão fundamental, a saber, a morte como destino inexorável de todos nós!

E aqui queremos fazer duas observações capitais. A primeira de que esse livro marca, para a maioria dos comentadores, uma segunda fase da obra de Machado de Assis porque instala uma compreensão e um detalhamento mais agudo da condição humana. Nossa outra observação diz respeito ao fato de que Machado de

Assis o escreve (ou melhor, Carolina, sua esposa, o escreve) internado num hospital, seriamente debilitado – a exemplo de Ernest Becker e seu livro A negação da morte (2007) e Franz Rosenzweig, mais especificamente no que se refere ao seu Novo Pensamento (2005). Em comum, a escrita diante da morte!

Leonardo Vieira de Almeida, na obra À roda de Machado de Assis (2006), ao analisar as citações literárias de Machado de Assis nas Memórias póstumas…, destaca: "É no espaço da morte que Brás Cubas escreve suas memórias". (p. 135).

Não é sem razão que Brás Cubas, logo de início, deixará claro que não é um autor defunto, mas um defunto autor, e isso, segundo ele mesmo, muda tudo. Muda porque escreve por estar diante da morte e muda porque toma a morte como dada, como dirá ele sobre a morte de seu pai: Morreu sem lhe poder valer a ciência dos médicos, nem o nosso amor, nem os cuidados, que foram muitos, nem coisa nenhuma, tinha de morrer, morreu. (p. 75).

Tendo o cristianismo como referência, dirá ele, ainda ao apresentar os motivos pelos quais inicia seu livro pelo relato de seu óbito: "Moisés, que também contou a sua morte, não a pôs no introito, mas ao cabo: diferença radical entre este livro e o Pentateuco. (p. 17). O caminho de Machado é da morte para a vida.[1]

Aqui uma consideração que fazemos na esteira da leitura de Ernest Becker em A negação da morte: as religiões como sistemas de sentido que são, na prática, têm apontado mais para a pergunta sobre o pós-morte, sem ajudar, dessa forma, o homem e a mulher modernos a considerarem a morte como inevitável e a caminhar com ela.

De outro lado, para Comte-Sponville: "É na morte, tanto mais real, tanto mais dolorosa, tanto mais insuportável onde o ateu se encontra mais indefeso. A morte lhe arranca tal ser, o que amava acima de tudo [...] Como poderia não se sentir desgarrado? Não existe nenhum consolo para ele, nenhuma compensação. (2006, p. 25).

Assim sendo, religião e modernidade acabam por colaborar com homens e mulheres que creem, acima de tudo, em sua eternidade possível, que se crê, por exemplo, será dada pela beleza, aquela conquistada à custa de padrões determinantes e viciantes, e que faz com que coloquemos de lado

---

1 A importância dessa compreensão e o impacto disso para o judaísmo, o cristianismo e mesmo para uma postura terminantemente secular aparece na Estrela da Redenção, de Rosenzweig, onde, a exemplo do que acontece em Machado, segue da morte para a vida!

quem não os atende, como Eugênia, a moça coxa, que Cubas rejeita, ou Marcela, por quem se apaixona em razão de sua beleza e a quem rejeita quando na feiura trazida pela doença.

Acerca desse tema, sobre Eugênia dirá ele mais tarde: "Sei que continuava coxa e triste". E de Marcela dirá ele, ao encontrá-la à morte num hospital: "a vi expirar meia hora depois, feia, magra, decrépita..." (p. 175). Logo no início do livro, ao descrever os momentos anteriores a sua morte, é outra a definição de beleza feita por Brás Cubas ao referir-se a Virgília; todavia, trataremos disso no final, quando, então, relacionaremos mais diretamente a vida e a obra do autor.

Para Cubas, ainda pior era envelhecer desejando a juventude ou a imortalidade: A velhice ridícula é, porventura, a mais triste e derradeira surpresa da natureza humana. (p. 113). Supondo a controvérsia presente em todas as questões realmente humanas, é possível, no entanto, vislumbrar outra relação possível entre a modernidade e a religião, como pudemos destacar em nossa tese:

> Nessa perspectiva ser religioso ou não deixa de ser um a priori, uma vez que as instituições e as experiências religiosas existem independentemente da fé, por outro lado, conhecer as instituições e as experiências religiosas e suas buscas

reais para, de fato, serem experiências religiosas pode vir a ser um contraponto para o embate, no ambiente das controvérsias, com as imposições da razão moderna, das diversas formas de hedonismo, entre outras coisas que nos impedem de sermos o que somos e vivermos numa verdadeira comunidade de homens, no que, aliás, deveria constituir-se a escola como espaço/tempo de relações. (CÂNDIDO, 2008, p. 388).

A epígrafe com a qual iniciamos essa parte do texto é a dedicatória que Brás Cubas faz ao verme que primeiro lhe roeu as frias carnes. E aqui fazemos uma referência a um dado importante desprezado pela modernidade: a morte é comum a todos nós; independentemente de fé e crença, ela nos acontecerá.

Se alguns acreditam que foram e voltarão a ser pó, como na tradição judaico-cristã, os crentes das Ciências e, especificamente da Biologia e das Ciências Naturais, hão de considerar que somos e seremos alimentos para vermes. De uma forma ou de outra, o fato é que chegaremos ao vazio de Brás Cubas: "A vida estrebuchava-me no peito, com uns ímpetos de vaga marinha, esvaía-se-me a consciência, eu descia à imobilidade física e moral, e o corpo fazia-se-me planta, e pedra, e lodo, e coisa nenhuma. Morri de uma pneumonia"... (p. 18). Ou, ainda, no relato de seu reencontro com Virgília, a amante amada de sua vida:

Havia já dois anos que nos não víamos, e eu via-a agora não qual era, mas qual fora, quais fôramos ambos, porque um Ezequias misterioso fizera recuar o sol até os dias juvenis. Recuou o sol, sacudi todas as misérias, e este punhado de pó, que a morte ia espalhar na eternidade do nada, pôde mais do que o tempo, que é ministro da morte. Nenhuma água de Juventa igualaria ali a simples saudade. (p. 23).

Além de fazer aqui a referência ao fato de ser a morte inegociável, Machado de Assis traz o elemento religioso Ezequias, rei de Judá, que ora a Deus pedindo para não morrer e é atendido, lhe sendo concedido voltar atrás em seus anos e o elemento mítico, Juventa, a ninfa transformada em fonte por Júpiter, cujas águas rejuvenesciam quem nelas se banhasse.[2]

No sentido da compreensão do mito e do seu lugar na reflexão da educação, da filosofia, da teologia e da religião, importa destacar, do lugar da filosofia da educação, a importância do trabalho em mito-hermenêutica, desenvolvido pelo professor Marcos Ferreira Santos, que, em Crepusculário, assim des-

---

2 Esse tipo de comparação nos remete à proposição de Franz Rosenzweig, citada neste trabalho, de que as religiões deveriam buscar o paganismo para a compreensão das relações entre o Homem, o Mundo e Deus.

creve, quase que poeticamente, como é da beleza de seu feitio, o lugar do mito como contraponto à racionalidade pretensamente suficiente, questionada, como vimos antes, por Luiz Felipe Pondé em *Crítica e profecia* e em seus trabalhos sobre a antropologia e a epistemologia pascalianas:

> É neste sentido que o exercício de uma razão sensível se inscreve num re-encantamento do mundo como renascimento temporão. O clássico (aquilo que persiste apesar do tempo e, principalmente, por tradição oral) é o alimento que buscamos neste fim de tarde contemporâneo, visualizando um amanhecer talvez nem tão radiante, talvez nem tão angustiante, mas que, sem dúvida, nos exige uma ação e um centramento interior. (FERREIRA SANTOS, 2005, p. 19).

Para Brás Cubas, a saudade, a humana saudade dos tempos idos, naquele reencontro com Virgília, é que tinha a capacidade de fazê-lo voltar aos tempos idos e, ainda mais uma vez, sentir-se jovem. Importa salientar que Machado de Assis apresenta outro referencial para o desejo humano da eterna juventude, ao contrapor sentimentos como a saudade e o amor à busca pela beleza exterior.

É impossível não citar aqui a frase, bem humorada, com a qual Brás Cubas expressa a desilusão do homem ante ao sonho da eterna juventude: "E foi assim que cheguei à cláusula dos meus dias; foi assim que me encaminhei para o undiscovered country de Hamlet, sem as ânsias nem as dúvidas do moço príncipe, mas pausado e trôpego, como quem se retira tarde do espetáculo". (p. 17).

Mas de que amor estará nos falando Brás Cubas?

Será ao tratar de um amor de sua juventude, Marcela, que Brás Cubas fará uma reflexão que ele mesmo considerou imoral: "Marcela morria de amores pelo Xavier. Não morria, vivia. Viver não é a mesma coisa que morrer; assim o afirmam todos os joalheiros desse mundo, gente muito vista na gramática... o que eu quero dizer é que a mais bela testa do mundo não fica menos bela, se a cingir um diadema de pedras finas..." (pp. 43-44). Aqui a morte e o amor eram recursos linguísticos, e esse último esvaziado em interesses...

Mas é no capítulo intitulado A bordo que Machado de Assis fará de Brás Cubas um pensador-vivente da morte, do amor e capaz de compaixão...

Fiquei só; mas a musa do capitão varrera-me do espírito os pensamentos maus; preferi dormir, que é um modo interino de morrer. No dia seguinte, acordamos debaixo de um temporal, que meteu medo a toda a gente, menos ao doido; esse entrou a dar pulos, a dizer que a filha o mandava buscar, numa berlinda; a morte da filha fora a causa da loucura. Não, nunca me há de esquecer a figura hedionda do pobre homem, no meio do tumulto das gentes e dos uivos do furacão, a cantarolar e a bailar, com os olhos a saltarem-lhe da cara, pálido, cabelo arrepiado e longo. Às vezes parava, erguia no ar as mãos ossudas, fazia umas cruzes com os dedos, depois um xadrez, depois umas argolas, e ria muito, desesperadamente. A mulher não podia já cuidar dele; entregue ao terror da morte, rezava por si mesma a todos os santos do céu. Enfim, a tempestade amainou. Confesso que foi uma diversão excelente à tempestade do meu coração. Eu, que meditava ir ter com a morte, não ousei fitá-la quando ela veio a ter comigo". (p. 48).

Não podemos nos furtar à referência ao texto de Franz Rosenzweig, na obra intitulada El libro del sentido común sano y enfermo:

Contra a morte não há remédio. Tão pouco a saúde é um remédio. Porém o são tem força para andar no caminho que conduz à tumba pleno de vida. O enfermo chama a morte e se deixa carregar por ela em suas costas, meio morto de angústia mortal. A saúde vive a morte somente "a seu devido tempo", e é muito amiga dela e sabe que, quando vem, se retira a rígida máscara e lhe agarra à angustiada, fatigada, decepcionada irmã vida a tocha flamejante de suas mãos cansadas e a arremessa ao solo e a apaga, e sob a abóbada do ciclo noturno, que só agora reluz depois de extinguir-se o resplendor da tocha, toma aquela que está falecendo em seus braços e, uma vez que a vida cerrou os lábios eloquentes, abre sua eternamente calada boca e diz: Me reconheces? Sou sua irmã. (pp. 93-94).

Acerca da imprevisibilidade da morte, dirá nosso filósofo Brás Cubas, após safar-se de um acidente ao montar um jumento: "se o jumento corre por ali fora, contundia-me deveras, e não sei se a morte não estaria no fim do desastre; cabeça partida, uma congestão, qualquer transtorno cá dentro, lá se me ia a ciência em flor". (p. 51).

E assim ele descreve a si mesmo no encontro com a morte de sua mãe: "Mas esse duelo do ser e do não ser, a morte em ação, dolorida, contraída, convulsa, sem aparelho político ou filosófico, a morte de uma pessoa amada, essa foi a primeira vez que a pude encarar". (p. 54).

Nesta obra prima de Machado de Assis, muitas serão, ainda, as referências à morte e as reflexões a respeito que fazem com que nós, leitores, tomemos a morte como referência para as reflexões sobre o homem. Para finalizar, tendo em vista nossa referência anterior ao pensamento de Franz Rosenzweig sobre a morte, voltamos a citá-lo, a fim de elucidar como ele nos convida à vida:

Cada passo vai acompanhado pela angústia. Não deveria ser assim. A coragem de viver deveria acalmar a angústia. [...] É tão difícil saber que toda prova de verdade somente se pode encontrar adiante. Saber que somente a morte põe a prova. E que é a última prova de verdade da vida. E que poder viver quer dizer ter que morrer. [...] A vida é então desde logo simples. Mas somente porque já não quer safar-se da morte, e porque está disposta a derramar o pranto fúnebre a cada instante. E ainda assim seguir "avançando por cima das tumbas". E sabendo que ao final deste caminho de tumbas também para ela terá sido já cavada a sepultura. (2001, pp. 92-93).

E como Brás Cubas transita da morte à vida e da vida à morte? Se, no capítulo intitulado Triste, mas curto, Brás Cubas descreveu a morte de sua mãe e os sentimentos e as reflexões nele gerados por essa grande razão, no capítulo adiante, intitulado Curto, mas alegre, toma como ponto de partida a constatação: "Jamais o problema da vida e da morte me oprimira o cérebro; nunca até esse dia me debruçara sobre o abismo do Inexplicável; faltava-me o essencial, que é o estímulo, a vertigem..."

A partir dessas reflexões/ações, Brás Cubas faz uma análise da condição humana olhando, antes de tudo, para si mesmo e, então, se apresenta como um "fiel compêndio de trivialidade e presunção", como alguém que "refletia as opiniões de um cabelereiro" e que havia colhido "de todas as coisas a fraseologia, a casca, a ornamentação...":

Talvez espante ao leitor a franqueza com que lhe exponho e realço a minha mediocridade; advirta que a franqueza é a primeira virtude de um defunto. Na vida, o olhar da opinião, o contraste dos interesses, a luta das cobiças obrigam a gente a calar os trapos velhos, a disfarçar os rasgões e os remendos, a não estender ao mundo as revelações que faz à consciência; e o melhor da obrigação é quando, à força de embaçar os outros, embaça-se um homem a si mesmo, porque em tal caso poupa-se o vexame, que é uma sensação penosa, e a hipocrisia, que é um vício hediondo. Mas, na morte, que diferença! que desabafo! que liberdade! Como a gente pode sacudir fora a capa, deitar ao fosso as lantejoulas, despregar-se, despintar-se, dasafeitar-se. Confessar lisamente o que foi e o que deixou de ser! Porque, em suma, já não há vizinhos, nem amigos, nem inimigos, nem conhecidos, nem estranhos; não há plateia. O olhar da opinião, esse olhar agudo e judicial, perde a virtude, logo que pisamos o território da morte; não digo que ele se não estenda para cá, e nos não examine e julgue; mas a nós é que não se nos dá do exame nem do julgamento. Senhores vivos, não há nada tão incomensurável como o desdém dos finados". (p.55).

A morte como consciência do limite humano aparece na sequência: "Sentia-me aturdido. Uma parte de mim mesmo dizia que sim, que uma esposa formosa e uma posição política eram bens dignos de apreço; outra dizia que não; e a morte de minha mãe me aparecia como um exemplo da fragilidade das coisas, das afeições, da família..." (p. 58).

Mais forte do que a morte é o amor, nos lembra Rosenzweig, falando do Cântico dos Cânticos. Brás Cubas revelará isso ao dirigir-se à sua amada: "Virgília amada, não reparas na diferença entre a linguagem de hoje e a que primeiro empreguei quando te vi? Crê que era tão sincero então como agora; a morte não me tornou rabugento, nem injusto". (p. 59).

[...] A linguagem do amor é puro presente; sonho e realidade, sopor do corpo e vigília do coração se entrelaçam, indiferenciáveis; tudo é igualmente presente, igualmente fugaz, igualmente vivo;

como o corso nos montes, ou como a gazela jovem. Sobre este prado sempre verde do presente cai uma chuva vivificante de imperativos; de imperativos que soam de maneira diferente mas que sempre indicam o mesmo: "leva-me contigo, abre-me, vem, coloque-te a caminho, apressa-te". Sempre é o mesmo imperativo único do amor. O amante e a amada parecem por momentos trocar seus papéis, e no instante seguinte voltam a estar claramente diferenciados. [...]. (ROSENZWEIG, 2006, p. 250).

Note-se a importância dos estudos em interface da Educação e da Religião para o entendimento mesmo da obra literária. Machado de Assis não poderá ser compreendido totalmente, para além da teoria e crítica literária, se não nos debruçarmos sobre o pano de fundo religioso, o diálogo intermitente com o cristianismo e sua expressão na vida das pessoas. Leonardo Vieira de Almeida (2006), apontando as citações de Machado de Assis no decorrer das Memórias, traz mais um componente religioso: "No capítulo VII, "O delírio", sente-se [Brás Cubas] transformado na Summa Theologica de São Tomás de Aquino". (p. 135).

Os estudos da religião, na escola, seriam lugar específico para sinalizar isso, evidenciar que o delírio de Brás Cubas é a constatação da vida regida pela tragédia, sem finais felizes – esperados e desejados pela modernidade e preponderantes na visão otimista, por assim dizer, dos padres da patrística. A vida e as relações não são também a abstração e a racionalização, pretendidas por São Tomás.

É a constatação, ainda, do homem regido pela necessidade, como o compreende Schopenhauer, cuja vontade não tem em si mesma força para realizar o bem, pois, promíscua, caminha lado a lado com o desejo e não com "princípios" abstratos. Machado de Assis está mais para a proposição popular de que "De boa intenção, o inferno está cheio". A esse respeito, vale-nos a leitura do conto O enfermeiro.

O MAL

"Esta é a grande vantagem da morte, que,
se não deixa boca para rir, também
não deixa olhos para chorar..." (p.106).

Nas Ciências da Religião, particularmente na Filosofia da Religião, a questão do mal ocupa um lugar relevante no que concerne ao estudo das religiões.[1] Pretendemos evidenciar o mal como parte da condição humana e, consequentemente, a consideração de seu estudo por tratar-

---

1 Importa salientar que obras como a de Susan Neiman, O mal no pensamento moderno, trazem, na modernidade, esse tema para a filosofia. Uma das teses expostas pela autora é a de que o problema do mal, como princípio organizador para entender a história da filosofia, é melhor do que outras alternativas por ser inclusivo e tratar-se de uma categoria explanatória e não meramente estética. Para ela o problema do mal pode responder a pergunta de Kant: o que leva a razão pura a realizar esforços que parecem não ter fim nem resultados? Aponta, ainda, que pode ser expresso em termos teológicos ou seculares, pois é, fundamentalmente, um problema sobre a inteligibilidade do mundo como um todo; não pertencendo nem à ética, nem à metafísica, e, sim, formando um elo entre as duas. (Cf. 2003, p. 19-20)

se de algo empírico, absolutamente observável na experiência dos seres humanos.

Esse caráter empírico – e inexorável – da morte e do mal tende a confirmar nossa hipótese de que, consequentemente, o estudo da religião necessita passar pela tensão entre instituição e experiência religiosas, a fim de que as questões da morte e do mal sejam tomadas e tratadas em toda a sua abrangência e, quiçá, essa aproximação séria e fundamentada possibilite o diálogo dos homens contemporâneos com a modernidade.

Nessa perspectiva, consideramos a morte, o mal, o pecado, o fracasso como temas a serem tratados nas aulas de ER na consideração da religião imbricada em disciplinas como arte, literatura, ciências, biologia e assim por diante, afinal, educação e religião não se encontram apenas no ER. Esses "temas" são, na realidade, parte da experiência significativa na vida de nossos educandos e educadores e também conceitos, de origem religiosa, e que podem conversar com a razão como a entendemos pela filosofia.

Disso decorre, como já dissemos, nossa proposição de que o estudo da religião na escola pretende o diálogo entre a razão e a razão religiosa. Por se tratar de conceitos ligados, por sua vez, à experiência da vida das pessoas, esses se deslocam em outro ponto de tensão, que é a modernidade, marcada pela ênfase no presente, e a tradição, marcada pela consideração do passado.

O mal é um problema para a teologia e para a filosofia e uma realidade na vida das pessoas. Dentro de uma perspectiva cristã, o teólogo Juan Antonio Estrada, finaliza sua obra A impossível teodiceia, afirmando:

> A filosofia não pode negar a religião nem aceitá-la em seus próprios termos, sobretudo sua esperança na ressurreição dos mortos, a menos que renuncie à sua existência mesma e torne-se teologia. Resta, contudo, seu papel de instância vigilante e crítica em relação à (inevitável?) ambiguidade do religioso e à inconsistência de todas as respostas ao problema do mal. Desse modo, o símbolo religioso, a cruz, dá o que pensar, e a religião reafirma sua competência para abordar o problema do mal. Não há justificação racional do mal, mas, sim, da validade racional da fé e do compromisso esperançoso que ela dá origem. (2004, p.435).

Três pontos são aqui importantes. O primeiro de que a filosofia e a teologia podem, e talvez devam, manter um diálogo fecundo no sentido de compreender o problema do mal. O segundo de que a religião tem uma contribuição a dar para essa discussão, posto que a cruz tem algo a nos ensinar sobre a condição humana, sobre a certeza da morte e o caráter irrevogável do sofrimento. O terceiro ponto é que não há justificação racional para o mal, mas a fé pode se validar racionalmente na medida em que significar um compromisso e uma ação.

Do lado da filosofia, é reconhecido o fato de que Machado de Assis sofreu influência do filósofo Schopenhauer e do pessimismo, no sentido de não nutrir grandes esperanças pelo homem, o que caracterizou seu pensamento. Mas o Schopenhauer que influencia Machado de Assis é o que assim afirma acerca da visão de homem, no livro recente e póstumo, com o título El arte de envejecer: "O mundo é em si mesmo o inferno e os seres humanos nele são, por um lado, as almas torturadas e, por outro, os diabos". (2010, p. 64).

Pujol fala dessa influência, apontando também esta superação: "Em Machado de Assis, o pessimismo nada tem de agressivo ou demolidor. Ele aceitou sem revolta o absurdo da natureza humana, e por isso o naufrágio das ilusões e o enigma do universo o deixam quase impassível e indiferente" (2007, p. 100).

Neiman, ao tratar do mal no pensamento moderno, no capítulo intitulado Fins de uma ilusão, demonstra que o problema em Schopenhauer esteve em deter-se por demais às aparências (Cf. 2003, p. 227). No entanto, contribuiu grandemente com a reflexão acerca do mal porque compreende, como Machado de Assis compreendeu, que o mal não é apenas um tema para a filosofia ou para a teologia, e, sim, razão do próprio ato de filosofar, do que decorre, aliás, compreendermos nosso filósofo Brás Cubas. Assim afirma Schopenhauer em O mundo como vontade e representação, conforme citado por Neiman:

> A filosofia, assim como a abertura de Don Giovanni, começa com um acorde menor (...) O caráter mais específico do espanto que nos impele a filosofar vem obviamente da visão do mal e da maldade no mundo. Se nossa vida fosse sem fim e livre da dor, possivelmente não ocorreria a ninguém perguntar por que o mundo existe. (2003, p. 225).

Portanto, o mal não é um problema exclusivo da razão, mas é problema para a razão porque acontece, existe na experiência das pessoas, dizendo, portanto, algo sobre o que afinal somos todos nós. Analisemos, na perspectiva de nossa hipótese e de nosso referencial teórico, três instituições de nossa tradição: a educação, o cristianismo e o casamento na obra de Machado de Assis, mediados pela tensão entre a instituição religiosa – e a correlata ideia do bem intrínseco – e a condição humana, pautada pela experiência – portadora do mal.

Anteriormente, apontamos para o fato de que, em suas obras literárias, Dostoiévski e Machado de Assis têm em comum a insistência num olhar para a realidade tal qual ela é, sem as abstrações a que recorremos, instintivamente, a fim de falsear ou minimizar os dados do real e, numa espécie de prescrição médica para nossas almas, fugirmos à dor e buscarmos o prazer. Ambos identificam nas grandes teorias, nos grandes princípios e tratados acerca do homem, na insistência na lógica das culturas e dos lugares sociais, mecanismos eficientes para fazer com que o homem evite olhar para si mesmo.

Dessa insistência no real, contraposto às tendências à abstração, decorre, em suas obras, um contínuo enfrentamento do mal. Para Dostoiévski, o mal existe porque o homem é livre e pecador e deseja ser Deus. Para Machado de Assis, por ser o homem simplesmente homem. Ambos situam o bem e o mal como chaves ontológicas. Nesse sentido, humanizar é fazer perceber que o que se aproxima de nós é o mal e, assim, não se há de negá-lo, como se isso fosse possível, e, sim, de reconhecê-lo.

Para eles a transgressão aumenta a percepção, o fracasso salva porque faz com que o homem tenha a justa percepção de si mesmo e de seus limites, aqueles impostos por sua própria condição de homem, não se tratando de nada externo.[2]

Luiz Felipe Pondé evidencia, em sua análise, que Dostoiévski descreve como o mal se movimenta bem na lógica funcional, como a razão sozinha deságua no ceticismo, na separação do coração e do intelecto. Disso decorrem consequências para a leitura da modernidade, entre elas a de que o humanismo se torna ridículo quando entende que não existe o mal e a compreensão equivocada de que fazer o bem ao próximo e o bem para si mesmo são a mesma coisa – associando, assim, utilitarismo e abstração. Sobre o humanismo ridículo, afirmará Pondé em seu livro Do pensamento no deserto:

> [...] A dignidade nunca pode ser fundada por um ser que em si é sem fundamento, como uma sombra que tenta agarrar a si mesma. O pensamento

---

2 No âmbito da escola, essa questão do fracasso que salva pode nos ajudar a perceber a questão do erro. Sem dúvida alguma, por trás de toda educação existe uma cosmovisão. A compreensão do homem como imagem e semelhança de Deus e, consequentemente, como seres destinados à perfeição, impõe a estes justamente o acerto e o medo de errar. Errar, no entanto, pode ser a grande chave para o conhecimento e para o crescimento humanos. No estudo da religião, no âmbito da escola, essa constatação aponta para o cuidado no tratamento de temas como a moral e a ética das tradições religiosas que não podem ser consideradas definitivas ou como capazes de abranger o todo da condição humana.

da dignidade não instaura dignidade. O homem não fiunda valor: esta sim é uma experiência humana, fruto de uma pesquisa elucidativa razoável". (2009, p. 107).

Trazemos como interlocutor do filósofo da religião, Hubert Hannoun, filósofo da educação:

> [...] Mas em que se funda esse valor? Em torno de nós, os sistemas educacionais referem-se a normas de ordem teológica, política, "humanistas", estéticas, etc. O que nos ajuda a distinguir, em termos de valor, o homem de Deus, o homem de partido, o homem do êxtase ou o homem, simplesmente? (1998, p. 17).

Costumamos ver o mal como fora de nós mesmos. Agimos como se, diante dele, estivéssemos imunes e, exatamente por isso, nós acreditamos, inclusive, no direito de julgar os outros. O ato de mentir torna-se quase corriqueiro e até mesmo necessário. Difícil é estabelecer a fronteira entre as mentiras que dizemos aos outros e aquelas que dizemos e mantemos para nós mesmos, a fim de escondermos de nós nossas verdadeiras razões.

Toda essa situação é descrita por Brás Cubas, em seu leito de morte, ao falar, por exemplo, de Virgília, a mulher que tinha sido sua amante:

[...]Virgília estava serena e risonha, tinha o aspecto das vidas imaculadas. Nenhum olhar suspeito, nenhum gesto que pudesse denunciar nada; uma igualdade de palavra e espírito, uma dominação sobre si mesma, que pareciam e talvez fossem raras. Como tocássemos, casualmente, nuns amores ilegítimos, meio secretos, meio divulgados, via-a falar com desdém e um pouco de indignação da mulher que se tratava, aliás sua amiga. (p. 24).

Machado de Assis introduz aqui uma questão que perpassará toda a obra, recorrente nas Memórias de Brás Cubas, que aponta para o fato de que, no limite, o homem tende a se proteger, a se resguardar, e para isso conta com um instinto de sobrevivência refinado, capaz de levar sua própria consciência ao engano. Enganando a si mesmo, todo o tempo, não lhe custa enganar aos outros, ao contrário, isto lhe é imposto. Essa questão da consciência é a grande questão do conto O enfermeiro, o qual citamos anteriormente.

É por isso que Brás Cubas se diverte ao expor os "bastidores" do homem, aquilo que ele é, muitas vezes em detrimento de si mesmo, sozinho, diante de si e de seu espelho... Em seu conto O Espelho: esboço de uma nova teoria da alma humana, Machado de Assis trata do problema da identidade do homem e afirma: "Nada menos de duas almas.

Cada criatura humana traz duas almas consigo: uma que olha de dentro para fora, outra que olha de fora para dentro...". (2007, p. 155).

É por essa razão que, nas Memórias, zomba dos princípios, dos tratados, das definições que tendem à metafísica, dos postulados éticos, das esperanças religiosas, das coisas seculares que assumem ares de religiosas e vice-versa. É descrevendo o seu Delírio que dá o tom do espetáculo humano marcado pelo tempo e pela luta para sobreviver, sabendo-se, afinal, que se não é nada:

> Porque já não preciso de ti.[3] Não importa ao tempo o minuto que passa, mas o minuto que vem. O minuto que vem é forte, jucundo, supõe trazer em si a eternidade, e traz a morte, e perece como o outro, mas o tempo subsiste. Egoísmo, dizes tu? Sim, egoísmo, não tenho outra lei. Egoísmo, conservação. A onça mata o novilho porque o raciocínio da onça é que ela deve viver, e se o novilho é tenro tanto melhor: eis o estatuto universal. Sobe e olha. (p. 27).

---

3 Aqui queremos fazer referência ao fato de que, nas origens da tradição judaico-cristã, mais propriamente descrita no Antigo Testamento, a compreensão é de um Deus que não precisa do homem. A modernidade atesta o quanto é difícil para o homem entender isso diante do seu desejo de ser, ao contrário, medida de todas as coisas.

Brás Cubas descreve o espetáculo que contemplou em seu delírio, e aqui apresentamos uma longa citação em razão da força explicativa que traz em si mesma, a fim de evidenciar essa onipresença do mal:

> A história do homem e da terra tinha assim uma intensidade que lhe não podiam dar nem a imaginação nem a ciência, porque a ciência é mais lenta e a imaginação mais vaga, enquanto que o que eu ali via era a condensação viva de todos os tempos. Para descrevê-la seria preciso fixar o relâmpago. Os séculos desfilavam num turbilhão, e, não obstante, porque os olhos do delírio são outros, eu via tudo o que passava diante de mim, – flagelos e delícias, – desde essa coisa que se chama glória até essa outra que se chama miséria, e via o amor multiplicando a miséria, e via a miséria agravando a debilidade. Aí vinham a cobiça que devora, a cólera que inflama, a inveja que baba, e a enxada e a pena, úmidas de suor, e a ambição, a fome, a vaidade, a melancolia, a riqueza, o amor, e todos agitavam o homem, como um chocalho, até destruí-lo, como um farrapo. Eram as formas várias de um mal, que ora mordia a víscera, ora mordia o pensamento, e passeava eternamente as suas vestes de arlequim, em derredor da espécie humana. [...]. (p. 28).

E continua...

A dor cedia alguma vez, mas cedia à indiferença, que era um sono sem sonhos, ou ao prazer, que era uma dor bastarda. Então, o homem, flagelo e rebelde, corria diante da fatalidade das coisas, atrás de uma figura nebulosa e esquiva, feita de retalhos, um retalho de impalpável, outro de improvável, outro de invisível, cosidos todos a ponto precário, com a agulha da imaginação; e essa figura, – nada menos a quimera da felicidade, – ou lhe fugia perpetuamente, ou deixava-se apanhar pela fralda, e o homem a cingia ao peito, e então ela ria, como um escárnio, e sumia-se, como uma ilusão. (p. 28).

Na sequência do seu delírio, Brás Cubas faz uma referência a Jó, o Jó bíblico, sofredor incansável que todos nós conhecemos, ao menos de ouvir falar. Tal referência, assim entendemos, é possível apenas a dois tipos de pessoa, caso elas existam em separado, um profundo conhecedor da condição humana e um profundo conhecedor das origens da tradição judaico-cristã: "Quando Jó amaldiçoava o dia em que fora concebido, é porque lhe davam gana de ver cá de cima o espetáculo". (p.28).[4]

---

4 A referência às interpretações do livro de Jó, ao longo e ao largo da história da teologia cristã, é bastante recorrente e pode ser constatada em A impossível teodiceia – a crise da fé em Deus e o problema do mal.

Na tradição, qual não foi o problema de Jó se não achar que tinha merecimento? Suportar para receber? Olhando para nós, modernos, querer ser Deus por meio da ciência, da evolução ou sob qualquer outra forma, não seria a mesma coisa do que querer ser Deus imaginando-se perfeito e merecedor e, portanto, superior aos demais? Estabelecer uma relação econômica com Deus, no sentido de dar para receber, não seria na verdade reflexo do desejo e da crença de que pode o homem controlar Sua vontade?

> [...] Ao passo que a vida tinha assim uma regularidade de calendário, fazia-se a história e a civilização. E o homem, nu e desarmado, armava-se e vestia-se, construía o tugúrio e palácio, a rude aldeia e Tebas de cem portas, criava a ciência, que perscruta, e a arte que enleva, fazia-se orador, mecânico, filósofo, corria a face do globo, descia ao ventre da terra, subia à esfera das nuvens, colaborando assim na obra misteriosa, com que entretinha a necessidade da vida e a melancolia do desamparo. [...]. (p.29).

**PARA QUE SE ESCONDER?
ELA TE ENCONTRARÁ...**

> "Invenções há, que se transformam ou acabam; as mesmas instituições morrem; o relógio é definitivo e perpétuo. O derradeiro homem, ao despedir-se do sol frio e gasto, há de ter um relógio na algibeira, para saber a hora exata em que morre". (p. 85).

onsideremos as críticas às instituições. Brás Cubas critica, especificamente no capítulo intitulado O menino é pai do homem – e note aqui, caro leitor, a ironia do título –, a educação que recebeu. Vê nela certa responsabilidade pelo homem que se tornou. Logo de início destaca o fato de, desde os cinco anos, merecer a alcunha de "menino diabo" e assume que "não era mesmo outra coisa". (p. 32).

Assim conta: "meu pai tinha-me em grande admiração; e se às vezes me repreendia, à vista da gente, fazia-o por simples formalidade; em particular dava-me beijos". (p. 33). Dessa percepção da adoração do pai por ele, aponta a consequência: "afeiçoei-me à contemplação da injustiça humana, inclinei-me a atenuá-la, a explicá-la, a classificá-la por partes, a entendê-la, não segundo um padrão rígido, mas ao sabor das circunstâncias e lugares". (p. 33).

De sua mãe, destaca: "doutrinava-me a seu modo, fazia-me decorar alguns preceitos e orações, mas eu sentia que, mais do que as orações, me governavam os nervos e o sangue, e a boa regra perdia o espírito, que a faz viver, para se tornar uma vã fórmula". E acrescenta que a fraqueza dela e a submissão ao pai a impediam de educá-lo como parecia pretender, tinha "pouco cérebro e muito coração", era "assaz crédula, sinceramente piedosa" e "temente às trovoadas e ao marido". A esse respeito conclui: "O marido era na Terra o seu deus". (p. 33).

"Da colaboração dessas duas criaturas nasceu a minha educação, que, se tinha alguma coisa boa, era no geral, viciosa, incompleta, e, em partes, negativa". (p. 33). Ampliando a compreensão de educação e entrelaçando as instituições, dizia acerca da instituição civil, a infantaria, considerando a experiência de participação de seu tio e a experiência de suas relações com ele:

> De envolta com a transmissão e a educação, houve ainda o exemplo estranho, o meio doméstico. Vimos os pais, vejamos os tios. Um deles, o João, era um homem de língua solta, vida galante, conversa picaresca. Desde os onze anos entrou a admitir-me às anedotas, reais ou não, eivadas todas

VOLTEMOS AO AMOR... OU SOBRE A LEGITIMIDADE DO AMOR!

Mas a alegria que se dá à alma dos doentes e dos pobres é recompensada de algum valor; e não me digam que é negativa, por só recebê-la o obsequiado. Não; eu recebia-a de um modo reflexo, e ainda assim grande, tão grande que me dava excelente ideia de mim mesmo (p. 174).

A religião como fenômeno natural é o título do livro de Daniel Dennett, obra que aqui trazemos a propósito, em razão do fato de que muito do que aqui dissemos, acerca da evolução, da natureza, da condição humana, da religião, está na pauta da necessária interlocução entre a Filosofia da Religião e as Ciências Naturais; interlocução esta proposta, aliás, pelo próprio autor, para quem pesquisadores de todas as áreas deveriam se ater ao estudo sério da religião, a fim de que melhores informações pudessem levar as pessoas a melhores escolhas.

Parte de sua reflexão é impulsionada pelo fato de que as religiões trazem sempre uma promessa, por assim dizer, de amor. Um amor idílico, em si mesmo contraditório, porque não corresponde, por exemplo, às práticas originadas, por exemplo, pelo fundamentalismo religioso presente em sua realidade, nos Estados Unidos.

> O fato de tanta gente amar suas religiões, tanto quanto ou mais do que qualquer outra coisa na vida, é realmente um fato a ser ponderado. Eu estou inclinado a achar que nada poderia ter mais importância do que aquilo que as pessoas amam. [...] O amor é cego, como se diz, e como o amor é cego, muitas vezes leva à tragédia: há conflitos nos quais um amor é jogado contra outro amor, e alguém tem que ceder, com sofrimento garantido em qualquer resolução. (DENNETT, 2006, p. 269)

Mas e Brás Cubas? Está totalmente tomado pelo amor. Tendo descoberto que Virgília era sua, tendo-lhe beijado os lábios explica: "Há umas plantas que nascem e crescem depressa; outras são tardias e pecas. O nosso amor era daquelas; brotou com tal ímpeto e tanta seiva , que, dentro em pouco, era a mais vasta, folhuda e exuberante criatura dos bosques". (p. 84). No capítulo seguinte, A Pêndula, Brás Cubas relê a morte:

> Ouvi as horas todas da noite. Usualmente, quando eu perdia o sono, o bater da pêndula fazia-me muito mal; esse tique-taque soturno, vagaroso e

seco parecia dizer a cada golpe que eu ia ter um instante menos de vida. Imaginava então um velho diabo, sentado entre dois sacos, o da vida e da morte, a tirar as moedas da vida para dá-las à morte, e a contá-las assim: – Outra de menos... outra de menos..." (p. 85)

E atribui um novo pulsar às batidas do tempo...

"Naquela noite, não padeci essa triste sensação de enfado, mas outra, e deleitosa. Não ouvia os instantes perdidos, mas os minutos ganhados. Nós a rolarmos na cama, talvez com frio, neces-sitados de repouso, e os dois vadios ali postos, a repetirem o velho diálogo de Adão e Eva! (p. 85)

De volta à experiência que significa, disse Cubas quando Lobo Neves, marido de Virgília, foi nome-ado presidente da província, fato que marcará a separação dos amantes: "Que profundas que são as molas da vida!" (p. 138). E assim ele a descreve, anos mais tarde, ao lembrá-la próxima ao leito de sua morte: "Virgília tinha agora a beleza da velhice, um ar austero e maternal; estava menos magra do que a vi, pela última vez, numa festa de São João, na Tijuca; e porque era das que resistem muito, só agora começavam os cabelos escuros a intercalar-se de alguns fios de prata... (p. 23)

Que profundas que são as molas da vida! – repetimos nós. Lúcia Sá Rebello, ao introduzir a obra de Sêneca, Sobre a brevidade da vida, trata da literatura epistolar, diferenciando os tipos de cartas utilizadas em sua estruturação. Cita a obra de Maria Helena Werneck Veja como ando grego meu amigo. Os cuidados de si na correspondência machadiana:

> Na perspectiva da revitalização que a carta enviada pode trazer para o próprio emissor, cabe fazer referência ao que Maria Helena Werneck ressalta ao comentar a correspondência de Machado de Assis. Referindo-se às cartas do período que compreende os anos de 1890-1908, mostra que as mesmas não se constituem espaço de polêmica, nem contém desabafos ou confidências. Antes, apresentam um traço de individualismo grego, que vem a ser retomado "pelo movimento ascético cristão dos primeiros séculos". (2001, p.16-17)

Werneck mostra-nos, então, um Machado de Assis que reconhece a si mesmo no bojo da condição humana, do afetamento pelo mal e que coloca em suas cartas o diálogo em que considera a razão e a religião. Concluirá Rebello que as cartas de Machado de Assis assemelhavam-se à prática epistolar de Sêneca: "uma escrita na qual é exposto o próprio estado da alma". (2001, p.16)

Analogamente a Rosenzweig, cujo novo pensamento considera que o outro não tem apenas ouvido, mas também boca, Rebello destaca a leitura de Werneck, para quem "em sua relação com os correspondentes, Machado amadurece maneiras de se posicionar em relação a si mesmo e de se manifestar em relação aos outros". (2001, p. 16)

E aqui trazemos parte da biografia de Machado de Assis por Carlos Faraco, que nos permitirá fazer algumas considerações, relativas ao questionamento da instituição cristã e os sinais de um cristianismo autêntico, capaz de dialogar com a modernidade, presentes na vida de Machado de Assis que dialoga intimamente com a sua obra:

Quando Carolina Novais morreu, em 1904, a vida de Machado de Assis desmoronou. "Foi-se a melhor parte da minha vida, e aqui estou só no mundo [...] Aqui me fico, por ora, na mesma casa, no mesmo aposento, com os mesmos adornos seus. Tudo me lembra a minha meiga Carolina. Como estou à beira do eterno aposento, não gastarei tempo em recordá-la. Irei vê-la, ela me esperará."

Carolina não teve de esperar mais que quatro anos. Com a vista fraca, uma renitente infecção intestinal e uma úlcera na língua, em 1.º de agosto Machado vai pela última vez à Academia Brasileira de Letras [...]. Na madrugada de 29 de setembro de 1908, lúcido, recusando a presença de um padre para a extrema-unção, morreu Machado de Assis, reconhecido pelo público e pela crítica como um grande escritor.

Foi sepultado ao lado de Carolina, cumprindo o que prometera quatro anos antes à mulher, num soneto de despedida: "Querida, ao pé do leito derradeiro em que descansas dessa longa vida, aqui venho e virei, pobre querida, trazer-te o coração de companheiro".

Dizemos nós: Amém! Amém! Amar é o mandamento. Reconhecer a condição humana e o mal que há em cada um de nós é amar de verdade conquanto signifique reconhecer nossa limitação, nossa pequenez. Nas palavras de Rosenzweig: Forte como a morte é o amor. (2006, p. 202). E aqui está nosso Machado de Assis, cuja crítica às instituições, e, entre elas a religiosa – e de forma particular o cristianismo, no qual está imerso, adquire plena coerência com a sua vida na recusa à presença de um padre para sua extrema-unção, o que ele mesmo considerou que seria uma hipocrisia, a mesma hipocrisia que ele condenava e à qual estamos todos sujeitos, quer individualmente quer em nossa participação em instituições.

Entretanto, o casamento com Carolina e a declaração da expectativa de encontrá-la testemunham um cristianismo autêntico, que não se dá na afirmação falada, confessando-se adepto, mas se dá na ação que, de um lado, empresta companheirismo e fidelidade, ainda que lhe tenha acontecido trair Carolina, à sua relação conjugal e, de outro, lhe dá a certeza de que tudo não termina por aqui, lugar onde, ao contrário, deixamos nosso nada expresso em nossa condição. Vale aqui lembrar o que nos diz, ainda, Comte-Sponville:

> Podemos prescindir da religião porém não da comunhão, nem da felicidade, nem do amor. Aquilo que nos une é mais importante do que aquilo que nos separa. Paz para todos, crentes e não crentes. A vida é mais preciosa que a religião (é o que tira a razão dos inquisidores e dos carrascos); a comunhão, mais preciosa que as Igrejas (e é o que tira a razão dos intolerantes); a fidelidade, mais preciosa do que a fé ou o ateísmo (e é o que tira a razão tanto dos niilistas como dos fanáticos); enfim, e é o que dá razão a gente boa, crente ou não, o amor é mais precioso que a esperança ou o desespero. (2006, p. 79)

Consta em algumas das muitas biografias escritas de Machado de Assis, que ele teve uma amante. Caso curto, coisa pouca, logo descoberta e abordada, muitas vezes, com desdém pelos autores. E com razão, dizemos nós! A vida não é feita somente de acertos, as coisas não dão sempre certo ou, como nos disse Luiz Felipe Pondé, certa feita, "agimos na opacidade do mundo".

Mas e a ideia de felicidade? Um problema da modernidade que a coloca nas coisas, numa chegada a um lugar em que não se chega? Um problema da religião que a coloca fora do homem ou que o coloca no aguardo de uma felicidade póstuma, por merecimento e glória? Fiquemos com o simples – e para ficar com o simples necessitamos da ponte entre essas duas pilastras, a modernidade e a religião –, fiquemos com Brás Cubas no capítulo Questão de botânica, no qual irá refletir sobre o fenômeno de ter deixado transparecer aos outros, com o tempo, as alegrias vividas num amor proibido.

Assim traduzirá a felicidade: "Continuei a pensar que, na verdade, era feliz. Amava-me uma mulher, tinha a confiança do marido, ia por secretário de ambos, e reconciliava-me com os meus. Que podia desejar mais em vinte e quatro horas?". E mais adiante: "Quem escapa a um perigo ama a vida com mais intensidade. Entrei a amar Virgília com muito mais ardor, depois que estive a pique de a perder e a mesma coisa lhe aconteceu a ela".

Em Machado de Assis, há um pensamento trágico no sentido de não nutrir esperanças quanto ao homem, mas também uma certa recusa à tragédia pela tragédia (presença nele da religião?). Como comentou Pujol: "Machado de Assis, alma avessa à violência, detestava as soluções trágicas". (p. 219). De outro, a pergunta sobre a redenção e a descrição de Machado de Assis pelo mesmo Pujol: "Não se pode dizer outra coisa de Machado de Assis. No culto da beleza ideal estão as origens de sua estética. A beleza não procede das teorias ou das escolas, é um elemento de concepção e de criação, que subsiste na própria personalidade do artista"... (p. 188)

CONSIDERAÇÕES FINAIS

"– Vives: Não quero outro flagelo".
"– Vivo?".
"Sim, verme, tu vives.
Não receies perder esse andrajo que é teu orgulho;
provarás ainda, por algumas horas,
o pão da dor e o vinho da miséria.
Vives: agora mesmo que ensandesceste, vives;
e se a tua consciência reouver um instante
de sagacidade, tu dirás que queres viver". (p. 26)

Do que dissemos, bem como da pesquisa que fizemos acerca do ensino religioso, e do que, atualmente, temos desenvolvido acerca do binômio Educação e Religião, podemos destacar algumas considerações referentes às instituições escolares, entendendo a escola como um espaço/tempo de relações.

Não educamos para valores, para a cidadania ou para o diálogo inter-religioso. Fazemos acontecer o diálogo entre os que são baixinhos, gordinhos, usam óculos ou aparelhos nos dentes, os que creem assim ou de outra forma e os que não creem. Vivendo assim na Educação Infantil e no Ensino Fundamental do primeiro ao quinto anos e, mais tarde, do sexto ao nono e no Ensino Médio,[1] esperamos que ao conhecerem,

---

1 Nomenclaturas adotadas no Brasil para a seriação na educação escolar.

de maneira mais sistemática, as tradições religiosas, o secularismo e o ateísmo sejam capazes de reconhecer que compomos diferentes formas de ser no mundo.

Consideramos a possibilidade de que, em nos abrindo para a diferença e para a compreensão de sua importância, possamos tocar pelo diálogo as diferentes cosmovisões e considerá-las para responder, de forma mais ampla, nossas questões mais caras. No pensamento de Hubert Hannoun, identificamos a compreensão clara da exigência do fazer educativo ou, em outras palavras, a ação como razão primeira da educação e, como consequência, a consideração da experiência, também religiosa, porque significativa para o ensino e a aprendizagem.

As pessoas agem de acordo com o que anseiam; a racionalidade passa pelo conhecimento e pela experiência; valores são experienciados, e não objetos de discurso; há intencionalidade na prática pedagógica, na ciência e na escola e, em todos esses âmbitos, e não apenas no religioso, crença e não crença, bem como crença na própria crença. Há de se considerar, então, os conflitos e as tensões, como, por exemplo, a tensão entre instituição e experiência. (Cf. CÂNDIDO, 2008, p. 354 e p, 384)

Importam, portanto, as relações; afinal, quando perdemos a relação, quando perdemos o Outro, perdemos a nós mesmos e, como diz Dom Casmurro, esta lacuna é tudo.

Finalmente, insistimos que as questões religiosas fazem parte da realidade dos homens e do mundo, do que decorre a impossibilidade de não considerá-las como parte do saber de homens que não se dividem em esferas, embora só o possamos ver em seus pedaços e ter uma ideia de seu todo nas relações que estabelece, consigo mesmo, com os outros homens, com o mundo e com Deus, e essa relação, sendo humana e, consequentemente, despedaçada, só a podemos apreender nas ações desse homem – o que pode tornar-se um critério para a avaliação das instituições (e das experiências) religiosas. (CÂNDIDO, 2008, p. 391).[2]

Podemos dizer que, fundamentalmente, o que se revela é a condição humana em tudo o que pode

---

2 Do que dissemos decorre que, assim pretendemos mostrar, a compreensão do ER como uma área de um conhecimento específico, a saber, as instituições e as experiências religiosas, mediante diferentes abordagens, não depõe contra a laicidade do Estado, uma vez que fazem parte do Estado indivíduos religiosos ou não, em suas interações e o mundo, por eles afetado, o qual, quase nunca, é tão clara e objetivamente dividido entre secular e religioso. No limite, já apontado, desse trabalho – no qual não entramos nas questões políticas acerca das relações entre Igreja e Estado, podemos apenas indicar que entendemos que o rompimento formal dessa linha tênue que delimita o secular e o religioso, para nós, inexistente, seja a chave para o rompimento com a hipocrisia e para que homem e mundo possam ser vistos como são e não em suas aparências, para as quais essa suposta linha tênue de delimitação parece colaborar.

comportar, para o bem e para o mal. A necessidade de fragmentar é humana. Para Deus não importa a crença ou não crença religiosa, do que decorre que não nos cabe perguntar sobre Deus, que não é em si o bem e o amor, porque isso é o que fazemos, e somente pode ser assim, no mundo, na contingência, em ser-assim-e-não-de-outra-forma. (Cf. CÂNDIDO, 2008, p. 395)

E resta que a vida tenha ao seu lado a morte e caminhe com ela. Conviver com a morte é ter consciência de nossos limites e não assumir uma perspectiva sensacionalista do final da vida, como evidencia Brás Cubas no Capítulo 45 (XLV), intitulado Notas, em que descreve o que podemos chamar da institucionalização dos rituais de morte e da hipocrisia que os compõem, que ele termina assim: "Isto que parece um simples inventário, eram notas que eu havia tomado para um capítulo triste e vulgar que não escrevo". (pp. 75-76)

A morte e o mal, imposições da nossa condição, são a grande experiência de nosso limite. O fracasso está posto, será necessário aprender a conviver com o vazio. Quem é capaz de olhar e perceber isso em si mesmo será capaz de mover-se ao encontro do outro. Não vai ao outro quem dele não sente necessidade; é por ela que nos movemos, como não aprende quem não se sente desafiado. Dores e sofrimentos são grandes professores. Tudo isto está lá, nas Memórias póstumas... De quanto pôde recordar-se, e pensar a respeito, nosso Brás Cubas! Viveu!

E é por essa, entre tantas razões, que Alfredo Pujol, em sua terceira conferência em 1917, já citada neste trabalho, contradizendo a forma como Machado de Assis, nos lábios de Brás Cubas, descreveu as Memórias, afirma: "Não, querido Mestre! O teu livro contém uma filosofia sólida e pura, porque foi inspirada no sonho do teu pensamento augusto, debruçado sobre a frivolidade vã das coisas humanas e o fatal espetáculo da tragédia da vida..."

Faltou-nos apontar a crítica machadiana à mais recente doença humana – a busca incessante pela "saúde" –, da qual podemos desprender, ainda, mais uma instituição, por assim dizer, a medicina. Destacamos, então, a descrição de uma das suas personagens, descrição esta que nos faz rir. E que bom que seja assim! É feliz o homem que consegue rir de si mesmo e, acima de tudo, não se levar tão a sério, pois, consideramos com Becker "que tem razão, absoluta razão, aqueles que acham que uma plena compreensão da condição humana levaria o homem à loucura" (2007, p. 49): "A segunda pessoa era um parente de Virgília, o Viegas, um cangalho de setenta invernos, chupado e amarelado, que padecia de um reumatismo teimoso, de uma asma não menos teimosa e de uma lesão de coração: era um hospital concentrado. Os olhos porém luziam de muita vida e saúde". (p. 98)

Será preciso, ainda, compreender que, para muitas coisas, não teremos resposta, ou, ainda, sequer deveríamos fazer as perguntas:

> Que há entre a vida e a morte? Uma curta ponte. [...] Vejam agora a que excessos pode levar uma inadvertência; doeu-me um pouco a cegueira da epidemia que, matando à direita e à esquerda, levou também uma jovem dama, que tinha de ser minha mulher; não cheguei a entender a necessidade da epidemia, menos ainda daquela morte. Creio até que esta me pareceu ainda mais absurda que todas as outras mortes. Borba, porém, explicou-me que epidemias eram úteis à espécie, embora desastrosas para uma certa porção de indivíduos; fez-me notar que, por mais horrendo que fosse o espetáculo, havia uma vantagem de muito peso: a sobrevivência do maior número. Chegou a perguntar-me se, no meio do luto geral, não sentia eu algum secreto encanto em ter escapado às garras da peste; mas esta pergunta era tão insensata, que ficou sem resposta. (pp. 150-151)

Quanto à educação e o papel do educador, fiquemos com Brás Cubas: "Que queres tu, afinal, meu velho mestre de primeiras letras? Lição de cor e compostura na aula; nada mais, nada menos do que quer a vida, que é das últimas letras". (p. 38)

Quanto ao mal, importa destacar que esteve na vida de Machado de Assis e foi narrado por Alfredo Pujol (2007), e aqui resumimos mais livremente: Certa feita, Machado de Assis entrou em debate com um colega de repartição que desistiu da contenda antes de serem expostos todos os argumentos e se retirou. Machado de Assis, por sua vez, retirou-se também e, ao passar perto da outra sala, em que estava seu interlocutor, o ouviu dizendo a um terceiro que não levaria a cabo uma discussão com um epilético (Machado de Assis)... Conta Pujol que, posteriormente, afirmou Machado de Assis a um de seus próximos: "E não quer você que eu acredite na maldade humana". (p. 103)

Quanto às aproximações e distanciamentos entre Educação e Religião, ficam as palavras de Rosenzweig: "Conhecer a Deus, ao mundo e ao homem significa conhecer o que eles fazem ou o que lhes sucede nos tempos da realidade. O que cada um deles faz aos outros e o que a cada um lhe sucede por causa dos outros". E acerca da diferença ontológica entre Deus, Homem e Mundo: "A separação de seu 'ser' está aqui pressuposta, pois se eles não estivessem separados, então de nenhum modo poderiam atuar um sobre o outro". (2005, p. 32)

REFERÊNCIAS BIBLIOGRÁFICAS

ASSIS, Joaquim Maria Machado de. *Discurso de inauguração da Academia Brasileira de Letras*, 1897. Disponível em http://www.academia.org.br/abl/cgi/cgilua.exe/sys/start.htm?infoid=8330&sid=240. Acesso em: 28 jan. 2009.

____. *Histórias sem data*. Rio de Janeiro: Civilização Brasileira; Brasília: INL, 1975. 104 p. v. 5. (Edições Críticas de Obras de Machado de Assis).

____. *Memórias póstumas de Brás Cubas*. São Paulo: Ática, 1995.

____. *Contos de Escola*. São Paulo: Cosac Naify, 2002.

____. *Quincas Borba*. São Paulo: Ática, 2006.

____. *50 contos*. Seleção, introdução e notas John Gledson. São Paulo: Companhia das Letras, 2007.

____. *Dom Casmurro*. São Paulo: Globo, 2008.

BARSHEVIS SINGER, I, *O Golem*. São Paulo: Perspectiva, 1982.

BECKER, Ernest. *A negação da morte: uma abordagem psicológica sobre a finitude humana*. Rio de Janeiro: Record, 2007.

BRASIL. *Lei nº 9.394 de 20 de dezembro de 1996*. Estabelece as Diretrizes e Bases da Educação Nacional. Disponível em: <http://www.planalto.gov.br/CCIVIL_03/LEIS/L9394.htm>. Acesso em: 07 jan 2008.

BUBER, Martin. *Sobre Comunidade*. Trad. Newton Aquiles Von Zuben. Seleção e introdução de Marcelo Dascal e Oscar Zimmermann. São Paulo: Perspectiva, 1987.

CÂNDIDO, Viviane Cristina. *O ensino religioso em suas sontes: uma contribuição para a epistemologia do ER*. 2004. 173 f. Dissertação (Mestrado em Educação). São Paulo: Uninove.

_____. *Epistemologia da controvérsia para o ensino religioso: aprendendo e ensinando na diferença, fundamentados no pensamento de Franz Rosenzweig*. 2008. 412 f. Tese (Doutorado em Ciências da Religião). São Paulo: Pontifícia Universidade Católica.

_____. Do Ensino Religioso ao Estudo da Religião: uma proposta epistemológica, pp. 229-244. In: *Interações – Cultura e Comunidade*. Uberlândia: Revista de Ciências da Religião, jan./jun. 2009, v. 4, n. 5, 281 pp.

_____. Educação e Religião: A Busca de uma Epistemologia. In: Ferreira-Santos, Marcos; Gomes, Eunice Simões Lins (Orgs.). *Educação & religiosidade: imaginários da diferença*. João Pessoa: Editora Universitária UFPB, 2010, v. 1, pp. 87-117.

_____. Franz Rosenzweig e a Educação: conhecimento na diferença tendo a tensão como método. In: Rosin, Nilva e Santos, Robinson dos (Orgs.). *Reflexões filosóficas no pensamento de Franz Rosenzweig*. Passo Fundo: IFIBE, 2010, pp. 143-170.

COMTE-SPONVILLE, André. *El alma del ateísmo: introducción a una espiritualidad sin Dios*. Buenos Aires: Paidós, 2006.

DENNETT, Daniel C. *Quebrando o encanto: a religião como fenômeno natural*. Trad. Helena Londres. São Paulo: Globo, 2006.

DOSTOIÉVSKI, Fiódor. *Os Demônios*. Trad. Paulo Bezerra. São Paulo: Editora 34, 2005.

ESTRADA, Juan Antonio. *El cristianismo en una sociedad laica: cuarenta años depués del Vaticano II*. España: Editorial Desclée de Brouwer, 2006.

_____. *A impossível teodiceia – a crise da fé em Deus e o problema do mal*. São Paulo: Paulinas, 2010.

FARACO, Carlos. *Biografia de Joaquim Maria Machado de Assis*. Disponível em: http://www.culturabrasil.pro.br/machadodeassis.htm Acesso em: 30 jan. 2009.

FERREIRA SANTOS, Marcos. *Crepusculário: conferências sobre mitohermenêutica e educação em Euskadi*. São Paulo: Zouk, 2005.

HANNOUN, Hubert. *Educação: certezas e apostas*. Trad. Ivone C. Benedeti. São Paulo: Fundação Editora da Unesp, 1998. (Encyclopaideia).

LÉVINAS, Emmanuel. *Humanismo do outro homem*. Trad. Pergentino Stefano Pivatto (coord.). Petrópolis: Vozes, 1993.

NEIMAN, Susan. *O mal no pensamento moderno: uma história alternativa da filosofia*. Trad. Fernanda Abreu. Rio de Janeiro: Difel, 2003.

PALÁCIO, Carlos. O Cristianismo na América Latina: discernir o presente para preparar o futuro. In: *Perspectiva Teológica*. Belo Horizonte, n. 36, pp. 173-196, 2004.

PICO DELLA MIRANDOLA, Giovanni. *Discurso sobre a dignidade do homem*. 6. ed. (Textos filosóficos; 25). Portugal: Edições 70, 2010.

PONDÉ, Luiz Felipe. *O homem insuficiente: comentários de antropologia pascaliana*. São Paulo: Editora da Universidade de São Paulo, 2001.

_____. *Crítica e profecia: a filosofia da religião em Dostoiévski*. São Paulo: Editora 34, 2003.

_____. *Conhecimento na desgraça: ensaio de epistemologia pascaliana*. São Paulo: Edusp, 2004.

_____. *Do pensamento no deserto. Ensaios de Filosofia, Teologia e Literatura*. São Paulo: Edusp, 2009.

PUJOL, Alfredo. *Machado de Assis: Curso literário em sete conferências na Sociedade de Cultura Artística de São Paulo*. São Paulo: Imesp, 2007.

ROCHA, João Cezar de Castro. *Contos de Machado de Assis – Vol. 3 – Filosofia*. Rio de Janeiro: Record, 2008.

____. (Org.). *À roda de Machado de Assis: ficção, crônica e crítica*. Chapecó: Argos, 2006.

RODRIGUES, Antenor Salzer. *Machado de Assis – Personagens e Destinos*. Rio de Janeiro: Bom Texto, 2008.

ROSENZWEIG, Franz. *El libro del sentido común sano y enfermo*. 2. ed. Madrid: Caparrós Editores, 2001.

____. *El nuevo pensamiento*. Buenos Aires: Adriana Hidalgo Editora, 2005.

____. *La estrella de la redención*. Salamanca: Ediciones Sígueme, 2006.

SCHOPENHAUER, A. *El arte de envejecer*. Madrid: Alianza Editorial, 2010.

SÊNECA, Lúcio Anneo. *Sobre a brevidade da vida*. Trad. Lúcia Sá Rebelo, Ellen Itanajara Neves Vranas e Gabriel Nocchi Macedo. Porto Alegre: L&PM, 2010.

SMITH, Barbara Herrnstein. *Crença e resistência: a dinâmica da controvérsia intelectual contemporânea*. Trad. Maria Elisa Marchini Sayeg. São Paulo: Editora Unesp, 2002.

VEGA RODRÍGUEZ, P. *Frankensteiniana: la tragedia del hombre artificial*. Madrid: NeoMetropolis, Tecnos/Alianza Editorial, 2002.

Viviane Cristina Cândido, a autora

Doutora em Ciências da Religião pela PUC-SP. Mestre em Educação. Graduada em Filosofia e Pedagogia. Pesquisadora do NEMES do Programa de Ciências da Religião da PUC-SP, sob a coordenação de Luiz Felipe Pondé; do Inteligência Coletiva Interdisciplinar de Estudos em Ciências da Religião: Tradição e Culturas Africanas Brasileiras da UESB, sob a coordenação de Maria das Graças Rodrigué; do Lab_ Arte da Faculdade de Educação da USP, sob a coordenação de Marcos Ferreira Santos. Membro fundador e coordenador da Sociedade Internacional Rosenzweig – Seção Brasil. Docente do Departamento de Ciências das Religiões da UFPB – Universidade Federal da Paraíba; docente no Mestrado em Educação, Cultura e Religiosidade da Universidade San Buenaventura Cali, Colômbia, nas pós-graduações *lato-sensu* em Ensino Religioso do Instituto Teológico Pio XI – SP e em Ciências da Religião da Coordenadoria Geral de Especialização, Aperfeiçoamento e Extensão da PUC-SP. Diretora da ASPPER – Associação de Professores e Pesquisadores em Educação e Religião. Membro da Coordenadoria de Direito Educacional da OAB/SP. Parecerista da Revista *Plura* da ABHR – Associação Brasileira de História das Religiões e Consultora *ah hoc* da *Rbep – Revista Brasileira de Estudos Pedagógicos do Inep* – Instituto Nacional de Estudos e Pesquisas Educacionais Anísio Teixeira.

Dados Internacionais de Catalogação na Publicação (CIP)
(Câmara Brasileira do Livro, SP, Brasil)

Cândido, Viviane Cristina
O mal em Machado de Assis : Cristianismo versus condição
humana : As *Memórias póstumas de Brás Cubas* na perspectiva
da filosofia da religião e da educação / Viviane Cristina Cândido.
– São Paulo : Musa Editora, 2011. – (Biblioteca aula educação e
religião. Série religião e literatura ; v. 1)

Bibliografia.
ISBN 978-85-7871-012-5

1. Assis, Machado de, 1839-1908 - Crítica e interpretação 2. Assis,
Machado de, 1839-1908. Memórias póstumas de Brás Cubas -
Crítica e interpretação 3. Condição humana 4. Cristianismo 5.
Educação - Filosofia 6. Mal na literatura
7. Religião - Filosofia 8. Religião na literatura
I. Título. II. Série.

11-10500   CDD-869.909

Índices para catálogo sistemático:
1. Religião e literatura : Questão do mal na obra machadiana :
Literatura brasileira : História e crítica 869.909

O mal e Machado de Assis foi composto com as tipografias The
Serif e The Sans, no estúdio **Entrelinha Design**, impresso no papel
offset 90g, pela Gráfica Editora Parma, em outubro de 2011.